日本医師会編

学校医の手引き

JMA 日本医師会 発行／協和企画 発売

序

　日本医師会では，学校医活動を地域医療の重要な柱として位置づけ，その推進に努めてまいりました。

　学齢期は，生涯を通じて見た場合，健康で情操豊かな人間を培う重要な時期であります。学校保健は，児童生徒のライフサイクルを考え，生涯保健の一環として認識していくことが重要であるとともに，地域医療の中での位置づけは益々重みを増しております。

　学校医の歴史は100年を越え，学校保健の向上に，多くの足跡を残してまいりました。

　現在，児童生徒の健康を取り巻く諸課題が次々に提示されてきておりますが，これらの問題を解決するためには，学校における健康管理の実務責任者である学校医の力が必要であり，今後もその必要度は，一層増していくものと思います。

　本書が全国の学校医の先生に活用され，学校保健の充実と発展に役立つことを切望致します。

　終わりに，本書の編集，執筆に多大なご尽力をいただいた学校医・学校保健領域の専門家の方々に深甚なる謝辞を表する次第であります。

平成16年3月

日本医師会長

坪井　栄孝

学校医の手引き 目次

序 …………………………………………………… 日本医師会長 坪井 栄孝
はじめに ………………………………………… 日本医師会常任理事 雪下 國雄 … 1

第1章 総論
1. 学校教育と学校医 …………………………… 元国立公衆衛生院長 髙石 昌弘 … 2
2. 学校医制度の歴史 ……… 蘇生会総合病院名誉院長・山形大学名誉教授 杉浦 守邦 … 5
3. 学校医の職務 ………………… 和洋女子大学大学院総合生活研究科教授 村田 光範 … 10

第2章 学校保健
1. 学校保健活動 ……………………………… 日本学校保健会専務理事 内藤 昭三 … 14
2. 学校保健組織（学校保健委員会など） ………………… 東京都医師会理事 内藤 裕郎 … 18
3. 学校保健と地域医療 ………………………… 岐阜県医師会常務理事 青木 靖 … 22

第3章 健康診断
1. 就学時の健康診断 ………… 東京大学大学院教育学研究科健康教育学分野教授 衞藤 隆 … 25
2. 定期健康診断
    1) 目的と意義 ……… 東京大学大学院教育学研究科健康教育学分野教授 衞藤 隆 … 28
    2) 事前準備 ………… 東京大学大学院教育学研究科健康教育学分野教授 衞藤 隆 … 29
    3) 保健調査 ………… 東京大学大学院教育学研究科健康教育学分野教授 衞藤 隆 … 32
    4) 実施
        ・身体計測 …………………… 和洋女子大学大学院総合生活研究科教授 村田 光範 … 35
        ・栄養状態 …………………… 和洋女子大学大学院総合生活研究科教授 村田 光範 … 38
        ・脊柱，胸郭，四肢 ………………………… 神奈川県医師会理事 富永 孝 … 40
        ・視力 ……………………………………… 日本眼科医会副会長 三宅 謙作 … 43
        ・聴力 ……………………………………… 日本耳鼻咽喉科学会 神田 敬 … 46
        ・眼の疾患 ………………………………… 日本眼科医会副会長 三宅 謙作 … 47
        ・耳鼻咽喉頭疾患 ………………………… 日本耳鼻咽喉科学会 神田 敬 … 49
        ・皮膚疾患 ………………………………… 五十嵐皮膚科医院 五十嵐俊弥 … 50
        ・歯および口腔 ………………………… 日本大学歯学部小児歯学教授 赤坂 守人 … 52
        ・結核 ……… 横浜市立大学大学院医学研究科発生成育小児医療学教授 横田 俊平 … 54
        ・心臓疾患 ……………………………… 帝京大学医学部小児科学教授 柳川 幸重 … 57
        ・尿 …………………………………………… 日本医科大学小児科教授 村上 睦美 … 61
        ・寄生虫卵 ……… 東京大学大学院教育学研究科健康教育学分野教授 衞藤 隆 … 63
        ・その他 ………… 東京大学大学院教育学研究科健康教育学分野教授 衞藤 隆 … 64

5）事後措置（除，健康相談）................東京都医師会理事　　　近藤　太郎 ... 67
　3．臨時健康診断................東京大学大学院教育学研究科健康教育学分野教授　　衞藤　　隆 ... 70
　4．職員の健康診断................北海道医師会常任理事　　　西家　皥仙 ... 72

第4章　健康相談と保健指導－健康教育をめざして
　　　　　　　　　................東京大学大学院教育学研究科健康教育学分野教授　　衞藤　　隆 ... 75

第5章　学校精神保健................東海大学教育研究所教授　　山崎　晃資 ... 78

第6章　学校伝染病................日本医師会常任理事　　　雪下　國雄 ... 85

第7章　アレルギー疾患
　1．アトピー性皮膚炎................のぐち皮膚科クリニック　　　野口　俊彦 ... 90
　2．気管支喘息................群馬アレルギー再生臨床研究センター　　黒沢　元博 ... 94

第8章　スポーツ医学，スポーツ外傷・障害................神奈川県医師会理事　　富永　　孝 ... 97

第9章　性感染症と性教育................日本産婦人科医会副会長　　新家　　薫 ... 101

第10章　学校安全－災害と共済制度................大阪府医師会理事　　　酒井　國男 ... 105

付録
　・学校保健法..114
　・健康診断票..116

Topic
　・学校環境衛生（「シックハウス」を含む）............日本学校薬剤師会長　　杉下順一郎 ... 13
　・情報管理と学校医................和洋女子大学大学院総合生活研究科教授　　村田　光範 ... 34
　・学校給食................和洋女子大学家政学部教授　　坂本　元子 ... 71

※所属は平成16年3月現在

はじめに

　近年，学校保健では，①疾病構造の変化による生活習慣病，各種アレルギー疾患などへの対応，②不登校，いじめなどの「こころ」の健康問題，③生涯保健の立場からみた地域保健活動との連携，④健康教育の重視と組織活動ということが課題として挙げられます。学校医活動は単に学校の中における児童生徒の健康管理といった閉鎖的なものとして捉えるのではなく，学校が存在する地域の特性をもふまえて，そこに生活する児童生徒一人一人のライフサイクルを通じた活動として，認識していくことが重要であり，地域医療の中での位置づけは益々重みを増しております。

　学校における児童生徒の健康管理の実務責任者である学校医が，これらの課題を解決していくためには，精神科医，産婦人科医，整形外科医，皮膚科医等の各科専門医の協力，支援並びに地域との連携が重要であります。

　本書は，学校保健の充実と発展に資することを目的に企画致しました。多くの学校医をはじめ関係者に活用されることを期待致します。

　終わりに，本書の編集，執筆に多大なご尽力をいただいた編集委員，学校保健領域の専門家の方々に厚く御礼申し上げる次第であります。

平成16年3月

日本医師会常任理事
雪下　國雄

第1章

総論

1. 学校教育と学校医

髙石　昌弘（元国立公衆衛生院長）

I　学校教育と子どもの健康

　学校教育と学校医の関わりを論ずる場合，学校医が子どもの健康問題を担当するという視点から，まず「学校教育と子どもの健康」という課題を考えるべきことは当然であろう。

　学校という公教育の場では，成長しつつある子どもの集団を対象として教育活動が展開される。その場合，対象者としての子ども達の体と心の健康が保たれなければ教育活動の成果は上がらない。したがって，第一に子ども達の健康状態の保持増進が教育活動の大前提となる。"health in education"が第一の課題である。

　次いで，成長する子ども達が自分の健康の保持増進を自らどのように考えていくかという課題が出てくる。そこでは自らの健康を保持増進するための能力の育成が第二の課題となろう。"education of health"がそれである。

　教育基本法の第一条（教育の目的）に，「教育は，（中略）心身ともに健康な国民の育成を期して行われなければならない」と明示されていることからも分かるように，教育と健康との関わりは極めて密接であり，学校保健活動は保健管理と保健教育の両面を包括するものでなければならない。

II　学校教育の変遷と学校保健活動

　学校教育の変遷については，次のように三次にわたる教育改革を話題にすることが多い。

　第一次教育改革は，近代国家として確立された明治政府による明治5（1872）年の学制施行であり，これにより江戸時代から各地域に普及していた各種の学校を，すべて文部省の管轄下に置くという画一化された学校教育が，制度上の基盤を固めたことになる。そして，これが大正期及び昭和戦前期の学校教育の進展に結びついていたことは言うまでもない。この間に，子ども達の健康については学校衛生活動としての進展がみられるとともに，その関連職員の最も重要な職種として，学校医の制度が明治31（1898）年に学校医令の公布として確立された。

　第二次教育改革は，太平洋戦争の敗戦によりもたらされた米国の教育制度に基づく極めて大きなものであった。この教育制度は今日まで続いているものであり，子ども達の健康に関しては戦前の管理中心の学校衛生から，健康教育を強化充実した新しい学校保健活動へと脱皮したわけである。戦後の急速な変革は，昭和22（1947）年の学校教育法制定に基づき，徐々に進められた。一方，子ども達の健康に関しては，昭和29（1954）年の学校給食法，昭和33（1958）年の学校保健法，昭和34（1959）年の日本学校安全会法の制定など，今日の学校保健活動の基盤となる制度的整備が着々と進行した。

　次いで昭和59（1984）年には臨時教育審議会が設置され，新しい教育制度に関する論議が行われた。これは第三次教育改革の名の下に進められ，幅広い意見交換を経て昭和62（1987）年に最終答申が提出された。現実には大きな具体的変革をもたらすことがなかったものの，その後，今日に至る多くの教育改革論議に多大な影響を与えたことは当然である。

　平成期に入ってからは，平成元（1989）年の前学習指導要領告示に続き，平成8（1996）年には第15期中央教育審議会第一次答申が公表され，教育界で著明な「生きる力」と「ゆとり」とい

うキーワードに基づく21世紀の教育の在り方が提示された。平成 9（1997）年には，25年ぶりに新しい世紀における学校保健活動の方向を規定したとされる，保健体育審議会答申「生涯にわたる心身の健康の保持増進のための今後の健康に関する教育及びスポーツの振興の在り方について」が公表された。学校医についても，学校の教育活動への積極的な参画を明示している点に留意すべきである。

さらに，平成10（1998）年の教育課程審議会答申を経て，小学校・中学校等の学習指導要領の告示，平成11（1999）年には高等学校学習指導要領の告示がなされた。主な改善点として，完全学校週5日制に関連した①各教科における内容厳選，②道徳教育の充実，③国際化への対応，④情報化への対応，⑤体育・健康教育への対応，⑥「総合的な学習の時間」の創設が挙げられ，新しい学校教育の内容が明示された。その後，平成14（2002）年には中央教育審議会答申「子どもの体格向上のための総合的な方策―スポーツ・健康手帳（仮称）の作成など―」，平成15（2003）年には中央教育審議会答申「新しい時代にふさわしい教育基本法と教育振興計画の在り方について」が公表され，今日に至っている。

このような一連の経過の中で，学校医の果たすべき役割がますます重視されていることは言うまでもない。

III 学校教育における学校医の役割

明治31（1898）年の学校医令に基づく同年の学校医職務規程では，「学校医ハ毎月少クトモ一回授業時間内ニ於テ当該学校ニ到リ衛生上ノ事項ヲ視察スヘシ」と明記されており，その後，多少の変遷はあったが，主として保健管理に関わる仕事を担当してきた。昭和29（1954）年に学校薬剤師の法制化がなされ，その職務が明示されるまでは，学校医が環境衛生関連の役割も果たしていたことを記憶にとどめるべきであろう。

昭和33（1958）年に学校保健法が制定され，学校医の職務執行の準則が学校保健法施行規則第23条として明示され，今日に至っているが，学校医の役割も当然，子ども達の健康管理がその主たるものとなっている。

しかし，前述の保健体育審議会答申（1997）にも明示されている通り，健康教育の実施体制と

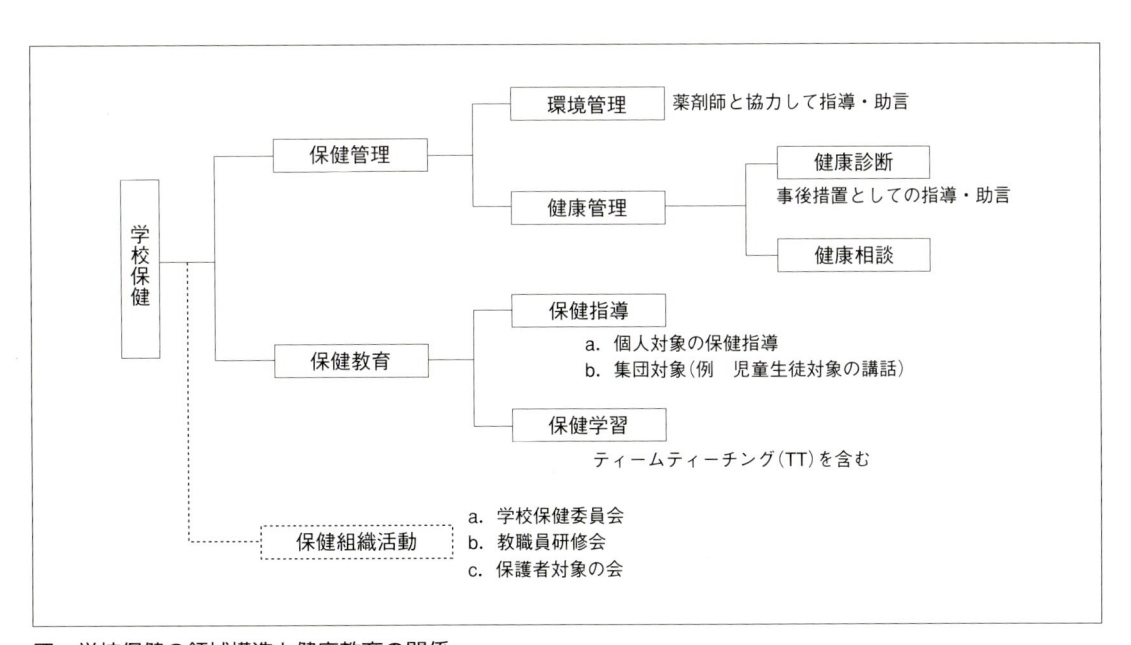

図　学校保健の領域構造と健康教育の関係

- 学校保健
  - 保健管理
    - 環境管理 — 薬剤師と協力して指導・助言
    - 健康管理
      - 健康診断 — 事後措置としての指導・助言
      - 健康相談
  - 保健教育
    - 保健指導
      a. 個人対象の保健指導
      b. 集団対象（例　児童生徒対象の講話）
    - 保健学習 — ティームティーチング（TT）を含む
  - 保健組織活動
    a. 学校保健委員会
    b. 教職員研修会
    c. 保護者対象の会

して「組織としての一体的取組」が強調されており，学校医もその一翼を担うべきことは当然とされている。また近年，特別非常勤講師制度の活用も大いに進められており，学校医が従来のように健康管理の役割のみを担っていた時代から，徐々に健康教育の役割をも担う方向にシフトしていく情勢がみられる。日本医師会学校保健委員会においても，このような情勢の変化を踏まえて，平成14(2002)年に「学校医活動における健康教育の在り方と推進のための方策」と題する答申[1]を公表した。この中では，まず「新しい学校保健活動における学校医の在り方」を論じ，「学校医の活動と健康教育の関わり」についての実態を述べるとともに，「健康教育との関わりに視点をおいた学校医活動の見直し」につき説明をしている。そして，「学校医活動活性化としての学校医研修とその将来展望」，「学校医研修の内容と日本医師会認定学校医制度の具現化に向けて」という内容で締めくくっている。

この答申の中では，学校保健の領域構造と健康教育の関係を図のように示しており，学校医の広範な活動の中で健康教育に関わる活動がかなり多いこと，そして平成13(2001)年に実施された調査結果から実態をみると，現状では当然のことながら，健康管理に直結した健康教育への関わりに重点がおかれていることが分かる。しかし，今後は，健康教育や保健組織活動に関わる活動がますます増加していくであろう。

学校教育と学校医の関わりが，管理と教育の両面からますます密接になっていくことを望んでやまない。

[文献]
1) 日本医師会学校保健委員会：学校保健委員会答申　2002；14.

第1章

総論

2. 学校医制度の歴史

杉浦　守邦（蘇生会総合病院名誉院長・山形大学名誉教授）

第1期　明治時代
明治31（1898）年～大正8（1919）年

わが国の公立学校に，国の制度として学校医が初めて置かれたのは，明治31（1898）年のことであるが，当時日本が模範としたヨーロッパの状況から見れば，決して遅いほうではなかった。

世界で最も早く，学校に医師が必要であることを唱えて，大きな衝撃を与え，学校医制度実施のきっかけを作ったのは，当時ドイツのブレスラウ大学の眼科教授だったヘルマン・コーン博士である。義務教育に学ぶ生徒に著しく近視発生率の高いことを指摘し，「学校は近視製造所に他ならない」と喝破して，その原因として教室の照度不良，机腰掛の不適合等を挙げた。そしてこれらを監視指導するために，学校に医師を配置することを提唱した（1866）。以来，各国でこのことが検討され，多くの賛同者を得たが，実際に学校医の設置まではなかなか進捗しなかった。やっと1874（明治7）年ベルギーのブリュッセル，1887（明治20）年ハンガリーの数地区に置かれたに過ぎなかった。1887（明治20）年オーストリアのウィーンで万国衛生会議が開催された際，わが国からも石黒忠悳・森林太郎・中浜東一郎・北里柴三郎らが出席したが，この会議でも「医師をして学校を保護せしむること」の議案が提出され，決議されている。ここでは，学校に医師を置くことの目的として，「男女生徒の教場において修業するがために起こる衛生上有害なる諸事を除き，かつ学校の衛生上の進歩をはかるにあり」と述べられている。

当時児童の義務就学が進むにしたがって，近視・脊柱弯曲・虚弱などの健康障害が気づかれるようになり，その原因は不良な学校環境に一日中児童を拘束するがためであるとの見解が支配的であって，これを救済することこそ学校設置者の任務であり，その対策として学校医制度が提唱されたのである。すなわち環境衛生上の監視と，健康障害児の早期発見が学校医設置の第一目的であったのである。

1891（明治24）年ライプチヒ市は，ドイツ国内で最初に大規模な学校医制度を敷いて，市内43校に15名の学校医を置いた。その職務の第一に「定期的に学校の校舎，設備の視察を為すこと」を挙げており，次いで伝染病の予防処置，障害児童の発見，欠席児童の調査などを課している。この制度は，その後各地のモデルとなった。

このような海外の動静が盛んにわが国にも紹介され，市区町村又は県単位で学校医を設置するところが現れた。

明治29（1896）年5月，文部省では学校衛生制度を整備する目的で，審議機関として学校衛生顧問会議を設置し，担当者として学校衛生主事（三島通良）を置いたが，その審議事項の第一として学校医制度が取り上げられ，明治31（1898）年1月，勅令として「公立学校ニ学校医ヲ置クノ件」が公布された。

この勅令は5条からなるが，その特徴の第一は，学校医の任免権者を府県知事（地方長官）としたことである。市町村立学校の学校医であっても知事と直結し，知事から直接諮問を受け，また直接建議する権限を与えられていたのである。これは学校長と同格であることを意味し，その職務遂行にあたって，環境衛生上外部から批判し，監督し勧告する立場を容易ならしめようとするものであった。

この勅令に付随する「学校医職務規程」の骨子は，毎月少なくとも1回授業時間内に出校し

て，次のような衛生事項を視察することを求める。1．換気の良否，2．採光の適否，3．机腰掛の適否，4．前列及び最後列の机と黒板との距離，5．暖炉の有無及び暖炉と最近生徒との距離，6．室内の温度，7．図書掛図黒板の衛生上の適否，8．学校清潔方法の状況，9．飲料水の適否及び環境衛生に関する事項である。そして「衛生上必要ト認メタル事項ニ就キテハ管理者及校長ニ申告スベシ」としている。

また視察にあたって，罹病患者を発見したときは，欠課・休学・療治の勧告を学校長に行う。その他，身体検査の実施，伝染病発生時予防消毒方法の施行，学校閉鎖の指示などが主要なものである。

全体として，前述のライプチヒ市の学校医制度をモデルとしていることがうかがえ，そして治療行為を任務としていないことが特徴である。

起草にあたった三島通良自身も，「其の職務は悉く衛生の範囲に属するものにして，決して療病上の事に関係すべき者にあらざるなり」と言っている。

同時に公布された「学校医の資格」という省令では，学校医になり得るものの資格をきわめて制限し，当時なお多数を占めていた漢方医を完全に排除している。そして，医科大学または医学校等正規の西洋医養成機関出身者に限定し，それが得がたい場合に限り医術開業試験合格者をあてることができるとした。当時の開業医38,000人中，医育機関出身者はわずか14％，開業試験合格者40％，むしろ従来開業の漢方医のほうが数のうえでは多い時代であるから，きわめて冒険的な制度であったといえる。しかし，環境衛生を主任務とする学校衛生は，漢方医には任せられないという意図が明瞭に現れている。

このような国家の制度として，全国の公立学校に学校医を設置するという方針を立て，実施に移したのは，わが国が最初であって欧米の先進国にもその例がなかった。三島自身，「我らはこれをもって本邦文教上の名誉として誇るべきものとす」と公言している。

第2期　大正〜昭和前期時代
大正9（1920）年〜昭和20（1945）年

大正9（1920）年2月，従来の学校医職務規程が改正されて「学校医ノ資格及職務ニ関スル規程」に変わった。改正の主旨は次の2つである。第1は学校医の資格についてである。従来，当初から漢方医の参画を認めず，西洋医に限ってきたため，厳格にすぎるとの意見があったが，大正時代になると漢方医もなくなり，医術開業試験制度も大正2（1913）年を最後に廃止になって，以後は医科大学または医学専門学校卒業者のみとなったため，「学校医ハ医師法ニ依ル医師タルベシ」という規定だけとなった。

第2は職務内容の変化である。旧規程当時の職務の第一は環境衛生に置かれた。学校生活は児童生徒の健康に障害を及ぼす恐れがあり，その主な原因は学校環境の不適なことによるので，この不適条件を学校医の視察指導によって除去改善しようとすることを目的としていた。

しかし大正時代に入り，だんだん学校環境が整備されてゆく一方，学齢児童の就学率の著しい向上に伴って，今まで不就学であった疾病保有者・虚弱者等も就学してくるようになり，これらに対する対策が必要になってきた。折からの大正デモクラシー思潮に基づく児童愛護思想の普及から，個人の特性に基づいた健康管理を要求する声が高まってきた。

従来の学校環境を整えて児童生徒の健康障害を取り除くという消極的対策に加えて，積極的に児童生徒の疾病の除去から，健康の保持増進をはかる方針に転換し，栄養の改善，身体の錬成，虚弱体質の改善，病弱転落の予防といった諸事業が求められるようになっていった。

大正9（1920）年の職務規程で最も注目すべき条項は，学校医の行うべき調査事項の第6号に「病者，虚弱者，精神薄弱者等ノ監督養護ニ関スル事項」を挙げたことである。養護という語句は，明治の終わりドイツのヘルバルト教育学の採用に伴って導入された教育学上の用語であ

って，栄養・消化・呼吸・衣服などの日常の一般衛生法に留意して身体の発達をはかる教育上の手段を言い，教授・訓練と並んで教育における3方法の一つとされるものである。当然，一般教師が全児童を対象として身体的発達をはかるために行う手段であるが，病者，虚弱者等特別の健康問題を持った児童に対しては，その能力を超える，特別に医学的素養をもった専門家があたる必要がある。これを「監督養護」または「特別養護」と称して，学校医の協力関与を求めることとなったのである。

学校医の職務規程では，これらの対象を発見したときは，「一科目若ハ数科目ノ授業ノ免除，就学猶予，休学，退学，又ハ治療保護矯正等ヲ要スベキコトヲ学校長ニ申告スベシ」とし，さらに休退学等の必要のないものに対しては，「継続的ニ之ヲ監察ス」ることを求めている。

この学校医職務規程の改正に合わせて実施された，学生生徒児童身体検査規程の改正では，新しい検査項目に「監察ノ要否」を加え，「身心ノ健康状態不良ニシテ学校衛生上特ニ継続的ニ監察ヲ要スト認ムル者」を要監察者とし，要監察者とされた児童生徒に対しては学校長から「本人若ハ其ノ保護者ニ対シテ特ニ注意ヲ与ヘ，其ノ他必要ナル処置ヲ取ル」ことを指示している。昭和12(1937)年の学校身体検査規程の改正では，この「要監察」は「要養護」と改称することになり，さらに「学校ニ於テ必要アルトキハ健康相談，予防処置，其ノ他適当ナル保健養護ノ施設ヲ講ズベシ」と規定されるに至った。

しかし，学校がこのような特別養護の処置を取るにあたっては，月2回程度出勤する学校医に依存することは不可能である。当然，ここに学校に常勤して養護に専念する職員が必要である。ここに，今までトラホームの洗眼に従事することを本務としてきた学校看護婦が，学校医の助手としてこの特別養護を分担する職員に変身してゆく。そして名称も養護婦となり，さらに養護訓導に発展してゆく経過をたどることになるのである。

このように環境衛生を本務とする学校医から，病者，虚弱者等の健康管理を本務とする学校医へ変身してゆくに伴って，病気の種類に応じた専門校医が生まれることとなる。最初に設置されたのは眼科校医である。大正3(1914)年東京眼科医会から「学校医には眼科医を加えられんことを望む」という建議書が提出されてから，急激に増していった。そのほか耳鼻咽喉科医・皮膚科医等を置くところも現れたが，歯科校医の増加が特に著しく，昭和6(1931)年には独立して「学校歯科医令」として別の勅令で制定されるまでになった。そしてその職務として，「齲歯其ノ他ノ歯牙疾患ノ予防上必要ナル診査並ニ処置ヲ行フベシ」と規定され，抜歯やアマルガム充填まで行うようになっていくのである。

明治時代は，学校医は決して療病上のことに関係すべきではないとされたが，大正時代から昭和初期の学校医は，むしろ積極的に学校診療に関与していったといってよいであろう。もちろん学校身体検査で発見されるような軽微な疾患ではあったが，トラホームの点眼，皮膚病・頭蝨・凍傷の処置，扁桃肥大の切除，腸内寄生虫の駆除，肝油の服用，人工太陽灯の照射等，いわゆる学校内診療の指導者として活躍した時代といえる。戦時中はさらに結核病対策としてツベルクリン反応の実施，BCG接種，陽転児の管理にもあたり，大いに貢献するところがあったのである。

なお，この時期の特徴として，学校医がリーダーシップをとる府県学校衛生会が全国的に組織され，学校医の団体が学校衛生行政に強い発言権を持ったことが挙げられる。明治31(1898)年に学校医令が敷かれたとき，学校における設置率はわずか20％であって，明治末やっと66％に達したに過ぎなかったが，大正に入って急速に設置率が進み，大正11(1922)年には90％を超えた。これを機に，全国的に学校医の団体組織化が進んだ。学校医は直接府県知事から任命される制度であったから，同じ知事任命の学校長と合同して，府県学校衛生会が組織されていっ

第1章

総論

3. 学校医の職務

村田　光範 (和洋女子大学大学院総合生活研究科教授)

学校保健法第16条において,「学校には学校医を置くものとする」と定められている。また,学校医の職務は学校保健法施行規則第23条に規定されている(表)。この職務そのものについては今後とも変わることはないと思われるが,表に示した職務の内容が社会情勢の変化に応じて変わっていることが問題である。しかも,社会情勢が新しい,しかも予期せぬ展開をみせていて,これに学校医の職務内容が追いつけない情況が生じている。このことを念頭に置いて,現状およびこれからの学校医の職務について述べる。

1．学校保健安全計画の立案に参与すること (学校保健法施行規則第23条第1号)

学校保健とは,文部科学省設置法第5条によって,「学校における保健教育及び保健管理をいう」と決められている。また学校保健安全計画については,学校保健法第2条において「学校においては,児童,生徒,学生又は幼児及び職員の健康診断,環境衛生検査,安全点検その他の保健又は安全に関する事項について計画を立て,これを実施しなければならない」とされている。この条文からみると,学校保健安全はかなり広い内容を持ったものだといえよう。健康診断,環境衛生検査は別項目でも扱われているし,学校医にとってなじみの深い領域であるので,ここでは安全計画を取り上げ,これと学校医の職務の関係について述べる。

安全計画は学校安全にかかわるものであり,学校安全は「学校における安全教育と安全管理をいう」と独立行政法人日本スポーツ振興法第15条7において定義づけられた。

1) 安全教育

安全教育は,安全学習と安全指導に分けられている。

①安全学習

安全学習は,児童生徒が安全な行動や態度を身につけるために必要な知識や技能を習得させるものであって,これは主に保健の教科,加えてこれに関連する教科を介して行われている。教科教育は,それぞれの教科について文部科学省から指導要領が出されているので,学校医は保健領域の指導要領について目を通しておく必要がある。とくに身体の発育発達,生活習慣病,薬物乱用,大気汚染などに関連した安全学習は,学校医が関与しないと安全の意味が十分に理解しがたい問題だといえる。

②安全指導

安全指導は,安全学習で身につけた知識と技

表　学校医の職務執行の準則(学校保健法施行規則第23条)　注は著者加筆

学校医の職務執行の準則は,次の各号に掲げるとおりとする。
1　学校保健安全計画の立案に参与すること。
2　学校環境衛生の維持及び改善に関し,学校薬剤師と協力して,必要な指導と助言を行うこと。
3　法第6条の健康診断(注:児童,生徒,学生又は幼児の健康診断)に従事すること。
4　法第7条の疾病の予防処置に従事し,及び保健指導を行うこと。
5　法第11条の健康相談に従事すること。
6　法第3章の伝染病の予防に関し必要な指導と助言を行い,並びに学校における伝染病及び食中毒の予防処置に従事すること。
7　校長の求めにより,救急処置に従事すること。
8　市町村の教育委員会又は学校の設置者の求めにより,法第4条の健康診断(注:就学時の健康診断)又は法第8条第1項の健康診断(注:学校の職員の健康診断)に従事すること。
9　前各号に掲げるもののほか,必要に応じ,学校における保健管理に関する専門的事項に関する指導に従事すること。
2　学校医は,前項の職務に従事したときは,その状況の概要を学校医執務記録薄に記入して校長に提出するものとする。

能を実際の場で的確な判断の基に適用し、行動できるかを指導するものである。この指導は学校での特別活動、あるいは学校行事を中心に行われている。従来の安全指導は交通事故、外傷、火災、自然災害などを中心に行われてきたが、最近では学校での殺傷事件といった犯罪、学校環境衛生とも関係するシックハウス（シックスクール）、各種の廃棄物処理によるダイオキシンといった大気汚染なども、安全指導の問題と考えなくてはならなくなっている。

文部科学省は従来の「安全指導の手引き」を全面的に改訂し、安全教育参考資料として「生きる力をはぐくむ学校での安全教育（日本スポーツ振興センター扱い）」を作成しているので、ぜひともこれを参考にして学校医の立場から安全計画の立案に参与するとよいであろう。

　2）安全管理

安全管理は、児童生徒の学校生活が安全に営まれるように必要な条件整備を図るものである。安全管理には対人管理と対物管理がある。対物管理については、学校医が関与する機会は少ないと思われるので省略する。以下、対人管理について述べる。

①心身の安全管理

従来は、対人管理について身体的な管理、すなわち外傷、それも致命的な外傷を避けることに管理の重点が置かれてきた。「酒鬼薔薇聖斗」事件、「大阪教育大学附属池田小学校」事件、「長崎の中学生による幼児殺人」事件などが起こり、事件の本人、あるいは殺傷事件に直接巻き込まれた児童生徒はもとより、それに関連した児童生徒や保護者、それに教育関係者までも大きな心の問題を抱える結果になっている。学校医は、発育発達段階に応じて人間を包括的にとらえた、心身の安全管理に寄与する必要がある。

②生活や行動の安全管理

学校内と学校外での生活と行動にかかわる安全管理である。学校内での生活や高度に関する安全管理は、学校の長い歴史の中で、学校医を含めて十分に手慣れたものであった。しかし、先に述べた大阪教育大学附属池田小学校事件を境にして、学校内での児童生徒の生活や行動に関する安全管理の考え方や対応が大きく変わらざるを得なくなってきている。また、学校外での児童生徒にみられる生活や行動の安全管理も、たとえば喫煙、シンナー吸引、二輪車による暴走族などのいわゆる不良行為対策が中心であったが、援助交際、お互いに許し合った性行為なども、広い意味では学校外安全指導の対象と考えられる。日本性教育協会の調査〔平成11（1999）年〕によると、男女ともに高校生で25％前後、大学生で50〜60％に性交経験があるとしている。避妊や若年妊娠、若年人工妊娠中絶、さらに性感染症といった問題も重要であり、これらについて的確に対応するには、学校医が婦人科専門医などと協力して積極的に関与することが必要である。エイズと性教育については第9章に、また学校安全については第10章でも述べられている。

2．学校環境衛生の維持及び改善に関し，学校薬剤師と協力して，必要な指導と助言を行うこと（第23条第2号）

学校保健法第3条には、「学校においては、換気、採光、照明及び保温を適切に行い、清潔を保つ等環境衛生の維持に努め、必要に応じてその改善を図らなければならない」と記されている。この職務は学校薬剤師にあてられているが、大気汚染、シックスクールなど新しい問題が次々と生じてくる現状では、学校医の立場からの協力や助言が重要である。この際、学校薬剤師と職務の分担についてよく話し合うことを忘れてはならないであろう。

3．法第6条の健康診断に従事すること（第23条第3号）

法第6条には「学校においては、毎学年定期（同条2項には臨時の健康診断を定めている）に児童、生徒、学生（通信による教育を受ける学生を除く。）又は幼児の健康診断を行わなければならない」とある。この意味の健康診断につい

ては，第3章2および3に述べられているので省略する。一言付け加えるとすれば，これからの健康診断は，健康にみえる児童生徒の発育発達にも目を向ける必要があり，とくに身体の問題としては低身長，肥満，やせなどについて適切な対応が望まれる。このことについては，第3章2—4「身体計測」および「栄養状態」の項を参照していただきたい。

4．法第7条の疾病の予防処置に従事し，及び保健指導を行うこと（第23条第4号）及び法第11条の健康相談に従事すること（第23条第5号）

法第7条には，「学校においては，前条の健康診断の結果に基づき，疾病の予防処置を行い，又は治療を指示し，並びに運動及び作業を軽減する等適切な措置をとらなければならない」とある。これは定期健康診断及び臨時健康診断後の事後措置を示している。

法第11条には「学校においては，児童，生徒，学生又は幼児の健康に関し，健康相談を行うものとする」とある。

これらのことについては，第4章と第5章にわたって詳しく述べられている。とくに心の健康については，児童精神医学の専門医や学校カウンセラーとの連携を密にして，学校医としても心の問題に対する知識と経験を深めることが必要である。また第7章において，アトピー性皮膚炎及び気管支喘息といったアレルギー疾患について述べられている。

5．法第3章の伝染病の予防に関し必要な指導と助言を行い，並びに学校における伝染病及び食中毒の予防処置に従事すること（第23条第6号）

法第3章第12条から第14条は伝染病の予防について定めたものである。伝染病については第6章に詳しく述べられている。食中毒については法文中には直接触れられてはいないが，食中毒は有害物質や細菌，ウイルスに汚染された飲食物を介して集団で発症する中毒症あるいは感染症である。学校給食に関係した食中毒が問題であるが，学校外での安全指導の対象としても大切な事項である。

6．校長の求めにより，救急処置に従事すること（第23条第7号）

現状において学校医がこの職務を全うすることは難しいと思われ，場合によっては学校以外で診療中の学校医が学校に到着するまでの時間に救急車を依頼したり，警察に通報したりして迅速な対応をすることのほうが望ましいと考えられる。しかし学校医としては，校長の依頼があれば学校に出かけ，救急処置にあたる心構えはしておく必要があるであろう。

7．市町村の教育委員会又は学校の設置者の求めにより，法第4条の健康診断又は法第8条第1項の健康診断に従事すること（第23条第8号）

法第4条の健康診断とは就学時の健康診断であり，法第8条第1項の健康診断とは学校職員の健康診断である。

就学時の健康診断については教育委員会が主体となって行うもので，必ずしも一学校医でなくてはならない職務ではないが，慣例的にこの健康診断に学校医が関与することが多い。日本学校保健会の中に就学時の健康診断を見直す委員会が設けられ，その検討結果が日本学校保健会より「就学時の健康診断マニュアル〔平成14（2002）年3月31日刊行〕」として出版されているので，詳細はそのマニュアルを参照していただきたい。

就学時の健康診断では，障害児の就学に関することが重要な問題の一つである。ほとんどの教育委員会が，障害児の就学を検討するための委員会を設けて対応している。障害児については特別支援教育として検討されている。

学校の職員の健康診断については，基本的には労働安全衛生法によっても規定される部分があり，常時職員が50人以上いる学校では産業医を選任する必要がある。学校保健法に，教育委員会または学校の設置者の求めにより，学校医が学校の職員についても健康診断を行うことに

なっているので，この法文が援用されて，学校医が学校の職員の健康診断を行っている場合が多いようであるが，いずれ産業医が学校の職員の健康診断を行うようになるものと思われる。

8．前各号に掲げるもののほか，必要に応じ，学校における保健管理に関する専門的事項に関する指導に従事すること（第23条第9号）

学校医にとって，この職務がこれから一層重要になってくると思われる。当面は，わが国の若者にも拡がりをみせてきているエイズなどの性感染症，実効性のある性教育，アレルギー性疾患，スポーツ外傷，また重症急性呼吸器症候群（SARS）などの新しい感染症への対応，凶悪犯罪の低年齢化，広い意味での食中毒ともいえる牛海綿状脳症（BSE）と給食，学校を取り巻く環境で生じる大きな事件による児童，生徒，学生，それに保護者や学校職員の心的外傷など，思いつくままに取りあげてみても，ほとんどの学校医が経験したこともなく，解決策も知らない保健管理の問題に学校医として専門的事項として指導にあたらなければならないことが予想される。これらの問題を解決するには，多方面からの情報収集と多くの専門家との共同作業が必要になるであろう。

9．学校医は，前項の職務に従事したときは，その状況の概要を学校医執務記録簿に記入して校長に提出するものとする（第23条第2項）

これはいわば診療録にあたるものであり，学校医の職務としては当然でもあり，慣れた作業であるといえよう。

Topic

学校環境衛生（「シックハウス」を含む）
杉下　順一郎（日本学校薬剤師会長）

学校環境衛生活動は，学校の環境を衛生的に保持し，必要に応じ改善を図り，学校教育法などに定められた学校教育の目標を達するため，学校保健法に基づいて行われるものである。学校環境衛生の維持管理は，児童生徒の健康の保持増進と学習効果をあげるために大きな要素を占めている。このため，学校保健法第3条には学校環境衛生の規定があり，これに基づいて学校環境衛生の基準が15項目にわたって示されている。この中で「教室等の空気」の項目があり，平成16年（2004）2月10日に「ホルムアルデヒド，トルエン，キシレン，パラジクロロベンゼン，エチルベンゼン，スチレン」について，また，二酸化窒素，ダニまたはダニアレルゲンについても検査を行うことになった。さらに新築，改築等を行った際には，これらの物質の濃度が基準値以下であることを確認した上で引き渡しを受けるものとされ，安全性の強化がなされた。

教室の空気は体感，学習意欲にも影響を与えることから，快適で清浄で，温湿度，換気気流，熱輻射，塵埃，細菌等総合的に判断しなければならない。この背景には，建物の高気密化や化学物質を放散する建材・内装材，教材などの使用による化学物質の室内汚染が原因とされている「シックハウス症候群」について，児童生徒に症例の報告がされて実態の把握と対策が講じられている。これは化学物質の中毒によるものと，化学物質過敏症といわれているものに大別されるが，症状が量－反応関係でなく，原因物質がきわめて微量であること，原因物質が違っても症状が同じであることがいわれ，主な症状は頭痛，目鼻の痛み，めまい，喉の刺激，疲労感，脱力感などで，一種のアレルギー反応ともいわれ，不明な点が多い。

基準値を超えた学校の措置としては，下がるまで使えないと判断すべきで，換気の励行を行い，保護者にも説明をし，また症状が発症した児童生徒には，症状緩和のための治療には必要に応じて，内科，アレルギー科，心療内科等で総合的な診療を受け，その間に原因を取り除く対応が望まれる。

第2章

学校保健

1．学校保健活動

内藤　昭三（日本学校保健会専務理事）

　学校保健は明治以来120年余の歴史を有し，昭和33(1958)年の学校保健法制定を経て今日がある。その中で法は，学校における保健管理および安全管理に関し必要な事項と，児童・生徒等や職員の健康の保持増進を図り，学校教育の円滑な実施と成果の確保が述べられている。しかし，時代の変革をふまえて，次第に学校における健康に関する教育に関心が高まり，保健教育，安全教育および給食指導を統合した概念を健康教育として整理されるようになり，現在に至った。そのため学校保健は，保健管理と保健（健康）教育などを主体として，図(P.3，図)のように位置づけられている。したがって，学校保健活動を実施するには，これらが互いにあいまって運営される必要があり，たとえば学校における保健（健康）教育は学校教育法に基づく教育課程の一環として行われるものであり，同時に学校保健の一環として推進することが不可欠の要件となる。実施に当たって，すべての学校保健関係者（校長・学校医・学校歯科医・学校薬剤師・保健主事・養護教諭・一般教員・学校栄養職員・スクールカウンセラーなど）は，これらの学校保健活動を通じて学校教育の成果を期するとともに，家庭・地域と連携した保健活動によって協力し，児童生徒など個々の生涯にわたる保健のため行動しなければならない。

I　保健管理

1．学校保健安全計画

　学校保健法第2条に基づくもので，学校保健活動の実施は本計画の内容により規定される。保健教育，保健管理，組織活動としての学校保健委員会などの事項が作成される。年間計画と月間計画があり，実施につき細部が決められる。原案は主として保健主事が担当し，養護教諭が協力する。また，学校保健委員会の意見を聞くことになっており，毎年1～2月ごろに作成される。さらに，学校医は本計画の立案に参与することになっている（職務執行の準則）。ここでは，保健教育と保健管理との関連を明確にしておくことが重要である。学校医は，この段階で十分意見を述べて計画に反映させることが必要であり，放置すればその後の活性化した活動は困難になることに留意すべきである。

2．学校環境衛生(Topic，P.13参照)

　昭和33(1958)年4月の学校保健法，同39(1964)年6月の学校環境衛生の基準〔最終改訂平成16(2004)年4月〕によるが，学校医は学校薬剤師と協力して必要な指導と助言を行うことが定められている。学校環境衛生検査（照明・騒音・空気・飲料水・学校給食・水泳プール・その他）は学校薬剤師が行うことになっているが，近年，腸管出血性大腸菌O-157の発生による食中毒の防止問題や，内分泌かく乱物質（学校給食用食器使用による），室内における揮発性有機化合物の測定など新しい課題が生じてきたので，学校医として保健教育と同時に，それへの関与に注目する必要があろう。

3．健康診断（第3章参照）

4．健康相談（第4章参照）

　非常勤の学校医または学校歯科医が行うもので，計画的に実施する（表）。また，健康相談活動は常勤の養護教諭が行うもので，随時実施できる。

5．健康観察

　学級担任をはじめすべての教職員は，児童生徒の日常の健康状態に注意して，保健指導を中

表 「健康相談・健康相談活動・教育相談」等の用語の解釈

	健康相談	健康相談活動	教育相談
定義・位置づけ	○学校においては，児童・生徒・学生または幼児の健康に関し健康相談を行うものとする（学校保健法第11条）。	○健康相談活動は，養護教諭の職務の特質や保健室の機能を十分に生かし，児童生徒のさまざまな訴えに対して，常に心的な要因や背景の分析，解決のための支援，関係者との連携など，心や体の両面への対応を行う活動である〔文部省保健体育審議会答申：平成9(1997)年〕。	○教育相談とは，本来一人一人の子どもの教育上の諸問題について，本人またはその親，教師などにその望ましい在り方について指導助言をすることを意味する。言い換えれば，個人のもつ悩みや困難の解決を援助することによって，その性格によく適応させ，人格の成長への援助を図ろうとするものである〔小学校における教育相談の進め方．文部省：平成3(1991)年〕。
根拠(法的根拠：審議会答申)	学校保健法第11条	教育職員免許法施行規則第9条 保健体育審議会答申「新たな役割」〔平成9(1997)年〕	教育職員免許法施行規則第10条
内容(特徴)	・計画的に実施する ・養護教諭は計画立案 ・担当教員や保護者が立ち会う ・健康相談用カード等	・養護教諭の職務の特質を生かす ・保健室の機能を生かす ・常に心的な要因を念願 ・連携を生かす・心と体への対応	
担当者	医師または歯科医師	養護教諭	全教職員
対象者	児童生徒	児童生徒	児童生徒・保護者・教員
対象者の課題	・健康診断結果 ・保健調査結果，日常の健康観察結果・欠席がち	・身体的訴え ・保健室来客者の訴え ・何となく	・心の悩み ・問題行動 ・生徒指導上の課題
場所	主として保健室	主として保健室	主として相談室
対応の機会	計画的	随時(継続した場合は計画的)	随時および計画的
求められる資質		・「心の健康問題と身体症状」に関する知識理解 ・観察の仕方や受け止め方 ・確かな判断力 ・解剖生理学的知識 ・発育発達課題の理解 ・カウンセリング能力 ・観察力・看護学的技術	・人格的な特性 ・相談者としての知識・技術

（三木とみ子：女子栄養大学教授資料から改変）

心とした生活指導を，また健康に異常のある児童生徒には保健指導を加えるとされる。毎日みられるこの健康観察は，心身の状況を把握できるため，特に朝のそれは健康状態の判定と疾病の早期発見に役立つものである。健康観察の充実は自身と他者への健康管理に関心を生み，思いやりなど教育的側面からも意義がある。そのため，学校生活全体を通して継続的に行われる。

一般には元気，顔色，姿勢，疲れやすい，発熱，咳などの一般状態，行動，皮膚などに注意する。その後養護教諭の判断もあって，教室に返す・保健室で休養・学校医と連絡・家庭への連絡などの処理がある。

（附）健康手帳：現在，学校と家庭を結ぶ唯一の健康記録であり，その利用によっては生涯にわたる保健に役立つものと考えられるが，断片

的でその機能が十分に果たされていない。

6．伝染病の予防(第6章参照)
7．保健室

　学校教育法と学校保健法により，保健室の設置が規定されている。趣旨は健康診断，健康相談ならびに健康相談活動，救急処置を行うためである。心身の健康問題・保健管理と保健教育の調整・家庭および地域との連携をめどに，健康診断結果とその評価，健康相談・健康相談活動・保健指導を行う機能，情報の収集・活用・管理の機能，保健教育の資料準備の機能，伝染病予防の措置を行う機能，救急処置・休養のための機能，児童生徒の保健活動のための機能などが該当しよう。その中で，近年の保健室登校は大きな話題を生み，平成9(1997)年9月の保健体育審議会答申を受け，養護教諭は新たな役割として保健室を利用した健康相談活動を始めるに至った。学校医はそれぞれの専門性を生かして健康相談に従事するほか，各科専門相談医と協力して指導，助言などの対応をしながら連携の実をあげるよう望みたい。

8．学校保健と公衆衛生

　学校保健は学校を中心とした教育の分野，公衆衛生は保健所を中心とした衛生の分野でありながら，児童生徒にみられるように，ある時は学校，ある時は家庭・地域に相互に関連し，依存する立場にある。たとえば，今回の新しい学校における結核対策の中で，地域の保健所の情報なくして健診の成果をあげることは困難であることからも理解できる。また，伝染病の予防・環境衛生・食品衛生・精神保健なども同様で，両者の協調が必要とされる。教育委員会などを通じて保健所と連絡・協力するなど留意しなければならない。なお，学校保健法第20条に保健所と連絡する規定がある。

Ⅱ　保健(健康)教育(第4章参照)

　生涯にわたる健康の視点からみて，学校における指導や家庭・地域社会と連携した健康に関する基本的な知識の習得と理解は，心身の健康をめざした実践力の育成とともに重要であり大きな意義がある。心身の健康の保持増進に関する指導は保健教育といわれる。図(P.3，図)にみられるように，保健教育は従来から保健学習および保健指導に分かれるが，それぞれの領域相互の関連を図り，効果的な指導が必要である。その実施については，学習指導要領によりすべての教育活動を通じて行うことや，教科の時間・特別活動・総合的な学習の時間その他を利用するよう示されている。

1．保健学習

　健康の基礎的・基本的事項を理解し，意思決定や行動選択ができることを目的として，教科の体育科の時間を中心とした理科・生活科・家庭科などの関連教科で実施する。教科「保健」は，国民がもつ健康知識について一定の水準と共通性を与える「健康リテラシー」の形成と維持の役割を果たしているともいわれる。そして，ヘルスプロモーションの考え方を生かした実践力の育成が望まれている。

2．保健指導

　当面する健康課題を中心に取り上げ，健康の保持増進に実践的な能力や態度と望ましい習慣の形成をめどに特別活動などで実施する。

　保健(健康)教育の実施に当たり，学校・家庭・地域社会の連携が重視される現在，そのいずれにもかかわる学校医にとって教科におけるティームティーチング，特別活動における学校・家庭・社会生活など，たとえば心の健康，食生活，生活習慣病，薬物乱用，性の逸脱行動，感染症の新しい課題についても指導・助言が要望される場合が多いと考えられる。また，総合的な学習の時間を含めて，専門的な立場から指導を求められる場面が多々あると思われるので，学校医は研鑽を怠ってはならない。

1) **性教育**(第9章参照)
2) **エイズ教育**(第9章参照)
3) **喫煙・飲酒・薬物乱用防止に関する教育**

　以前より健康教育の大きな課題であり，特に

学校におけるそれは重要な役割を持つものとして認識されている。教科・特別活動・学級活動・学校行事などで教育の機会が多いが、刊行物やビデオ、各種資料などを含めて、また地域にあっても学校医の支援を求められるものの一つである。次項の総合的学習の時間による指導でもしばしば取り上げられるので、学校医活動として留意すべきである。

4）総合的学習の時間による指導

平成10（1998）年の学習指導要領の改訂で新しく設定されたもので、教科・特別活動などとともに保健教育を形成することになる。したがって、健康に関する指導は教育活動全体によって行うこと、また心身の健康の保持増進については保健教育のそれぞれの教科・特別活動・総合的学習の時間の特質に応じて実施されることになった。その課題として歯・口の健康、性・エイズ、喫煙・飲酒・薬物乱用防止、交通安全、防災、食生活・栄養と健康、健康と社会、などが挙げられているが、その解決や支援のために学校医が必要とされる場合も多い。

第 2 章

学校保健

2. 学校保健組織（学校保健委員会など）

内藤　裕郎（東京都医師会理事）

　平成14（2002）年度の新学習指導要領の施行により，学校保健における学校医の役割はこれまで以上に重要となった。

　学校保健組織の構造を図1に示した。この領域構造に示すように，学校医は全領域においてかかわりをもつ。

　「健康日本21」「健やか親子21」に，地域保健と学校保健の連携の強化が記されている。このことより，学校医のみではなく医師会の学校保健への取り組みが重要性を帯びてきた。

　この項では，学校保健組織の中での学校医の役割と，医師会として学校保健活動への参加の必要性を示す。

I　学校保健の組織活動への学校医の取り組み

　図1に示した学校保健の組織活動の中で，①においては，平成14（2002）年より施行された学習指導要領において初めて，学校医は健康教育にあたり特別非常勤講師として講義できることとなった。また，ティームティーチングの中で意見・助言を述べることができることとなり，学校医の積極的な学校保健活動への参加が求められている。

　②の中では，教師に対する保健活動における指導助言ばかりではなく，実質的な学校教育へ

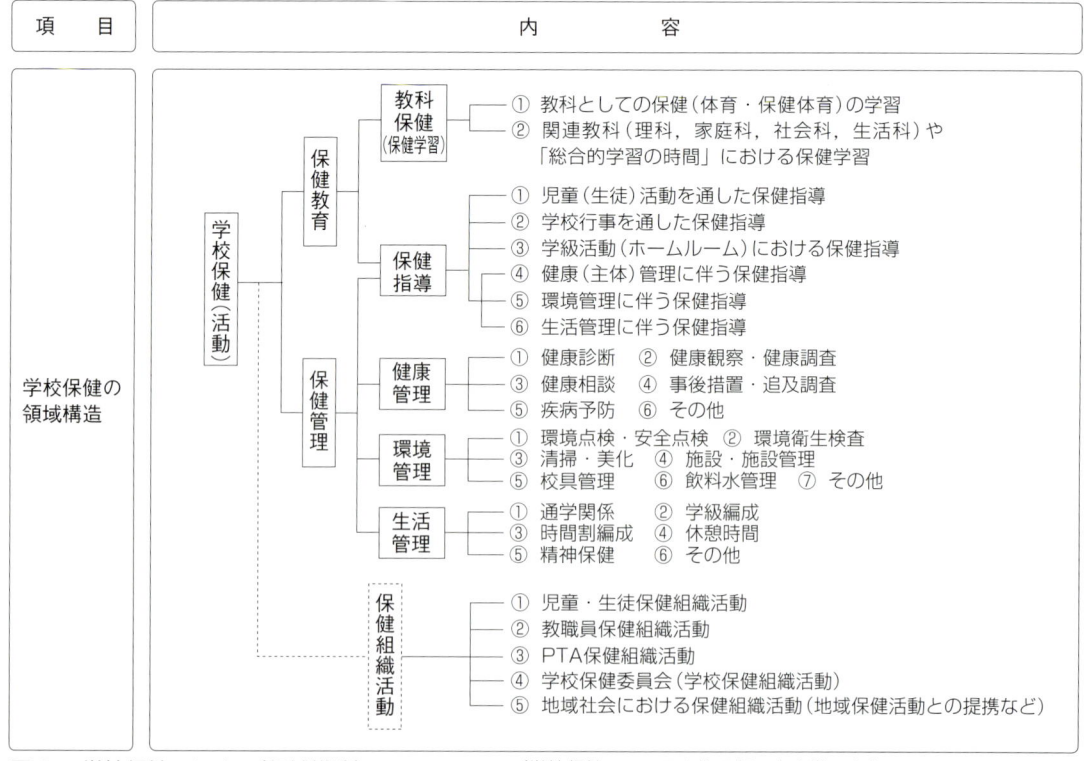

項　　目	内　　　容
学校保健の領域構造	学校保健（活動） 　保健教育 　　教科保健（保健学習） 　　　① 教科としての保健（体育・保健体育）の学習 　　　② 関連教科（理科，家庭科，社会科，生活科）や「総合的学習の時間」における保健学習 　　保健指導 　　　① 児童（生徒）活動を通した保健指導 　　　② 学校行事を通した保健指導 　　　③ 学級活動（ホームルーム）における保健指導 　　　④ 健康（主体）管理に伴う保健指導 　　　⑤ 環境管理に伴う保健指導 　　　⑥ 生活管理に伴う保健指導 　保健管理 　　健康管理 　　　① 健康診断　② 健康観察・健康調査 　　　③ 健康相談　④ 事後措置・追及調査 　　　⑤ 疾病予防　⑥ その他 　　環境管理 　　　① 環境点検・安全点検　② 環境衛生検査 　　　③ 清掃・美化　④ 施設・施設管理 　　　⑤ 校具管理　⑥ 飲料水管理　⑦ その他 　　生活管理 　　　① 通学関係　② 学級編成 　　　③ 時間割編成　④ 休憩時間 　　　⑤ 精神保健　⑥ その他 　保健組織活動 　　　① 児童・生徒保健組織活動 　　　② 教職員保健組織活動 　　　③ PTA保健組織活動 　　　④ 学校保健委員会（学校保健組織活動） 　　　⑤ 地域社会における保健組織活動（地域保健活動との提携など）

図1　学校保健のしくみ（領域構造）　　　　　（学校保健マニュアル第5版，南山堂，東京，2001より一部改変）

の参加が求められた。③に関しても同様である。④，⑤に関しては後述する。

II 学校保健会

　学校保健会には，日本学校保健会をはじめ都道府県学校保健会，市区町村学校保健会がある。

　学校保健会は学校医，学校歯科医，学校薬剤師，校長，養護教諭，体育主事，PTA等により組織される。日本学校保健会は財団法人化されているが，道府県学校保健会の職務の多くは教育委員会が代行している。財団化に関しては困難な問題があるが，学校保健会は教育委員会主導ではなく学校保健会が主体性を持つとともに，学校医が中心となる必要がある。

　市区町村における学校保健会の構成委員は同様であるが，さらに地域に密着しているため，学校医として，また地域のかかりつけ医として積極的に参加する必要があろう。

III 学校保健委員会

1．学校保健委員会の設置とその意義

　前述の学校保健会は，国・都道府県・市区町村と各地域における学校保健活動であるが，学校保健委員会は学校単位に設置される。

　学校保健委員会の設置は，昭和24(1949)年文部省(当時)が中等学校保健計画実施要綱において，学校保健指導の編成および管理について合理的な保健計画の立案と，学校保健事業の企画運営にあたるべき組織としてその設置を提唱した。さらに，昭和25(1950)年に小学校保健計画実施要領において，毎月1回開催し必要に応じ小委員会を開催するとある。また，昭和33(1958)年の文部省局長通達においても，学校保健委員会の活性化が求められている。

2．学校保健委員会の構成と協議内容

　表1に学校保健委員会の構成および協議内容を示した。この委員会においては学校保健会と同様，学校三師（学校医，学校歯科医，学校薬剤師）・校長・養護教諭等学校職員・PTA・ときには児童生徒も参加し，当該学校における児童生徒の育成状況の把握，また心身の問題点の検討と今後の方針づくりを行う。

　詳細には，健康検査に基づく学校全般における健康状況の評価と健康相談，疾病予防，学校における伝染病への対策，給食をはじめ

表1　学校保健委員会の構成と協議内容

1．学校保健委員会の構成
　学校側：校長・教頭・保健主事(主任)・養護教諭・学年主任・生活指導主任・保健体育科教諭・内科校医・眼科校医・耳鼻科校医・歯科校医・学校薬剤師
　地域側：PTA会長・PTA副会長・PTA保健部長および委員・保健所・教育委員会・医療機関の代表
　児童・生徒側：児童・生徒会の代表・学級代表・児童・生徒保健委員会の代表

2．学校保健委員会が取り上げる事項
　(1) 学校保健安全計画の立案についての意見
　(2) 定期健康診断の実施に関する事項
　(3) 定期健康診断結果の事後措置についての事項。（心臓検診・尿検査・脊柱側弯検診等の報告および指導方法）
　(4) 疾病予防ならびに予防接種に関する事項。（学校における伝染病の報告および対策並びに各種予防接種の実施状況）
　(5) 食生活習慣に関する事項。（朝食の摂取・肥満およびやせ対策・学校給食の試食および調理室の衛生指導等）
　(6) 体力づくりに関する事項。（水泳・クラブ活動・部活動・林間学校などの実務方法についての助言等）
　(7) 学習能率向上に関する事項。（学習環境・きまりのある生活）
　(8) 休暇中の健康・安全に関する事項。（夏休みの生活指導など）
　(9) 学校・家庭などの美化・緑化など環境衛生・公害に関する事項。
　(10) 通学・日常生活の安全に関する事項
　(11) 心の健康，生活習慣・性教育に関する事項。（いじめ・不登校・情緒不安定・喫煙・飲酒・不純異性交遊等）
　(12) 学校教職員の健康・安全に関する事項

学校家庭における食の問題点に関する検討，現在学校で起きているこころの問題，生活習慣，性教育等，諸事項の認識を得るための講習等，学校における心身の健康問題に関して学校関係者が一堂に会して，問題の認識と知識の取得等を行う重要な委員会である。

新学習指導要領において，学校教育における健康教育および学校・家庭・地域社会の連携が重要と指摘されたことにより，この学校保健委員会の役割はさらに重要となった。

3．学校保健委員会の設置率とその開催

表2に都道府県における学校保健委員会の設置率を，図2にその開催率を示した。

各学校における学校保健委員会は，学習指導要領また局長通達においてたびたびその開催に関しての喚起を促されている。そして，新学習指導要領において求められている学校・家庭・地域社会の連携における重要，唯一ともいえる委員会であるが，その設置・開催に関しては，未だに十分に充足されているとは限らない。

設置に関しては表2のように，平成12～14(2000～2002)年の全国統計において約70～75％とここ数年間増加していない。

また開催状況(図2)は，設置はされているが1回も開催されていない学校が15～20％あり，教育委員会を含め大いに反省しなければならない。また40～60％の学校では年間1回の開催であり，学校における児童生徒の健康に関する重要な委員会として活用されていない状況がうかがわれる。そして1学期に1回開催(年3回)は5～10％に過ぎない。これらのことより，多くの学校では開催は年間1～2回であり，設置はしているが年間に1回も開催していない学校も多くみられる。

平成14(2002)年度より週5日制が施行された現在，教科以外の時間に関しては除外されている状況にあるが，児童生徒の心身の健康を諮る使命を持つこの学校保健委員会は，設置することだけでは意味がなく，開催されてはじめて効果があるものであり，委員会の中核となる学校

表2　学校保健委員会設置率(全国平均％)

	小学校	中学校	高等学校	特殊教育学校
平成12(2000)年	71.6	71.0	67.8	81.4
平成13(2001)年	76.0	74.2	68.5	83.9
平成14(2002)年	77.4	75.2	70.1	85.5

文部科学省統計より

小学校：0回 9.9％／1回 31.0％／2回 20.9％／3回 9.4％／未設置 28.4％／不明 0.4％

中学校：14.2％／34.0％／16.5％／5.8％／29.0％／0.5％

高等学校：13.2％／41.4％／9.4％／3.5％／32.2％／0.3％

文部科学省統計より

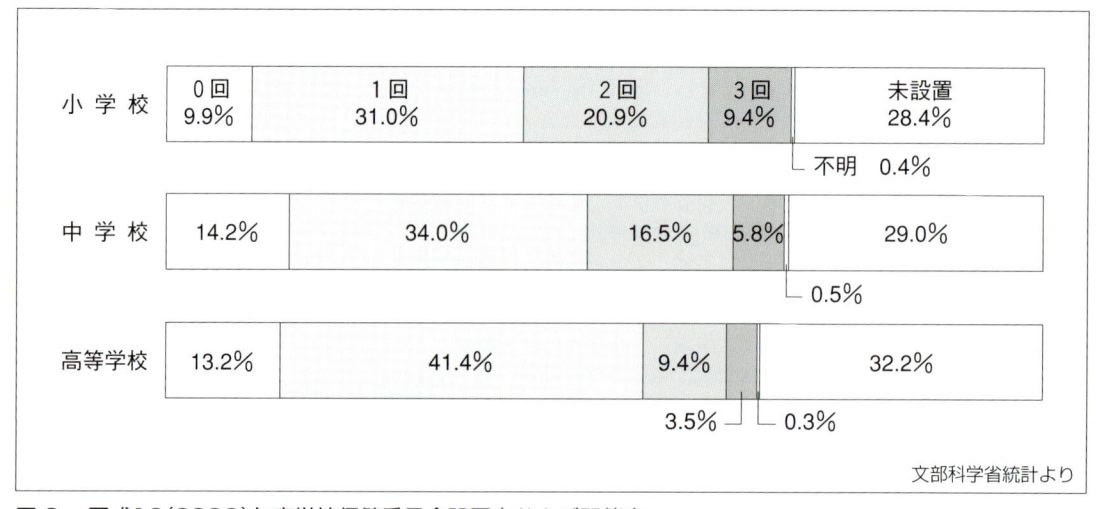

図2　平成12(2000)年度学校保健委員会設置率および開催率

医は，その開催に関して校長，養護教諭等に強く助言・指導する必要がある。

Ⅳ　地域学校保健委員会

前述の学校保健委員会をさらに拡大し，地区学校保健会との中間に組織され，1中学校区において開催される。すなわち1つの中学校と，その中学校を学区域とする小学校を連結する学校保健委員会である。

この委員会における委員の構成は，学校保健会の構成員のほかに保健所，警察，消防等の職員，町会の代表等が加わる。また協議内容としては，中学校区における児童生徒の心身の健康および行動，防災関連等が討議される。

日本医師会においてもモデル事業として行った経緯があるが，現在開催されている地区は少ないようであるが，学校・家庭・地域の基幹をなす地域単位の委員会である。現時点では入学学校の自由化への方向性を考えると，この地域学校保健委員会開催の要請が高まることが考えられる。

Ⅴ　学校医組織

学校医による組織として学校医会が挙げられる。都道府県また市区町村単位に学校医会が組織されている。学校医会は，その創設が学校医の集まりとして必要に応じて組織されてきた関係で，現在も医師会とは別に組織されている地区が存在する。多くは医師会と連携して活動しているが，一部医師会と連携していない地域がある。学校医会と医師会の十分な連携による学校保健への対応は必要であろう。

この学校医会は，従来の学校三科（内科・眼科・耳鼻科）がその主体をなして組織されていることが多い。しかし21世紀の学校保健には，内科系・耳鼻咽喉科・眼科のみではなく，児童生徒の心身の問題に対処するためには，他科の専門相談医（学校医）の参加が求められている。このことより，学校医会には従来の三科に加え，これら専門医が参加することが必要であろう。

学校・家庭・地域社会の連携による学校保健組織活動を考えるとき，学校医会と医師会の一体化が必要であり，医師会の主たる事業としての学校保健を考慮すると，医師会と学校医会の同一化が必要となろう。

以上，学校保健組織を示した。児童生徒の心身の問題への対応，健康教育への学校医の参加等学校における諸問題に対応するために，医師会として学校保健への組織的対応がこれまで以上に求められることとなる。

第2章

学校保健

3. 学校保健と地域医療

青木　靖（岐阜県医師会常務理事）

　そもそも学校は，地域社会の発展とともにその地域に居住する子どもたちの教育のために設立されたものであり，学校保健も地域社会を度外視して考えることはできない。事実，学校の児童・生徒といえども学校にいるのはせいぜい8時間で，その他の時間は家庭で一地域住民として生活しているわけであり，このことを無視して学校保健は完結しえない。

　したがって，学校保健も地域医療の一環として考えられており，学校保健は学校の中だけに限定されず，学校医は常に家庭や地域社会との連携を意識する必要がある。

　このように，地域の中で生活している児童・生徒の健康な生活の保持・増進には，単に学校医だけでの対応では不十分で，その地域の医師全員の援助を必要としている。実際，地域医療に従事している医師の大多数は学校保健の経験者であろうが，学校医以外の医師も児童・生徒の健康にかかわる機会は多く，そのため学校医を実際に経験していない医師も学校保健に理解を持っていなければならない。

I　生涯保健

　乳幼児健診，3歳児健診の結果や乳幼児期に受けた医療が正しく学校保健に受け継がれ，さらに成人保健にスムーズに移行しなければならず，また生活習慣病に対する予防対策も学校保健の場からはじめなければならない。

　厚生省（当時）は，21世紀の保健活動の指針として「健康日本21」を作成した。これは増加する生活習慣病のため，平成22（2010）年をめどに数値目標を立てて予防に努めようとするもので，その活動の中には学童期からの望ましい生活習慣の確立と，生活環境の整備が必要であるとしている。このように，地域保健活動と学校保健活動は密接な関係をもって営まれている。

　「健康日本21」では，生涯を通した保健事業の一体的推進として，誕生（母子保健）－入学（学校保健）－就職（産業保健）－退職（老人保健）と続く，複雑に絡み合っている生涯保健体系を一貫した健康管理に統一する理想を掲げているが，それには学校が生涯におよぶ生活の基礎知識としての生活習慣，生活技術を身につける場所であるだけに，「学校保健を中核とした健診体制」の確立を目指すべきである。

　また，母子保健から老人保健まで一貫した様式の健康手帳の作成―東京都台東区ではすでに，母子健康手帳に続いて生涯にわたって活用できる『児童・生徒の健康手帳』を作成，使用を開始した―は，地域医療に長年携わっている医師によって構成されている地域医師会の主導のもとになされなければならない。

II　学校保健と地域医療とのかかわり

　学校医が学校保健活動を行うにあたっては，学校と地域社会との関係を認識するとともに，その地域の特性を十分理解しておかねばならない。その地域が都市部か，農山村か，漁村・離島かなどでそれぞれ地域特性があり，その地域独特の健康上の問題や社会的苦悩を抱えている。しかし学校医には，長年その地域に居住している医師が任命されていることが多く，したがって地域の事情もよく理解している医師が多いので，学校と地域社会とをつなぐ橋渡しの役が期待される。

　一方，学校保健も複雑な様相を呈してきてい

る。従来からの内科・眼科・耳鼻科の学校三科体制では対応しがたい問題が山積しており，たとえば「こころの健康」「性の問題」「スポーツ障害」「アトピー性皮膚炎」などに関して，その地域の医療に携わっている精神科医，産婦人科医，整形外科医，皮膚科医などの専門医の協力を得なければならない事態になっており，学校と学校医とそして専門医相互間の連携が大きな問題として浮上してきた。同様のことは「心電図検診」での判読医，「学校給食」での栄養職員との関係も同様である。ここに学校保健における連帯感の必要性を強調しておきたい。

それでは学校保健は，地域と具体的にどのような関係を持っているのだろうか。以下，各論的に述べることとする。

1．健康診断・健康相談

従来から学校医の職務として最も重視されてきたところである。

近年，出生時からの乳幼児期の健診が充実し，学校の健診ではじめて疾病が発見されるという事態は減少しているが，まず就学時健診において，乳幼児期からの健康状態を母子健康手帳などから把握しておかなければならないし，弱視，難聴などにいかに対応するか，学校保健の円滑な運営のため乳幼児保健との連携は重要である。

しかし疾病構造の変化などにより，健診の内容も徐々にではあるが変化してきており，特に生活習慣病・こころの健康など新たな問題に対しどう対処していくか，今後は健診の事後措置や健康相談など対象者に対する十分な説明と指導・助言を充実することに重点が移っていくものと思われ，多忙な学校医を助ける養護教諭や学校栄養職員との連携が重要になっている。

2．予防接種と伝染病

予防接種法の改正により集団接種から個別接種へ，強制接種から努力義務接種へと進むにつれ，接種率が激減しており，学校入学前に済ませておくべき風疹・麻疹などの未接種者が大きな問題になっている。

就学時健診において，未接種者のチェックも忘れてはならないし，入学後でも予防接種を受けられるような体制を，自治体と協議して作っておかなければならない。

先年，学校給食からの腸管出血性大腸菌O-157による集団食中毒をみたところであるが，その発生を教訓として，今後も給食関係者との不断の密接な関係の構築が期待される。保健所との関係は論を待たない。

学校における結核対策は，平成15(2003)年度から大幅に見直しが行われ，小学1年生・中学1年生のツベルクリン反応検査が廃止され，同時にBCGの再接種も廃止された。そして新たに問診票方式が導入され，結核対策委員会が設置された。ここで精密検査対象者が決定されるが，この委員会には長年結核対策に従事してきた地域の保健所長も入ることになっており，学校医，保健所，家庭など地域が一体となって接触者健診，有所見者健診の強化を図り，きめ細かな対策を実施することになった。学校および学校周囲の環境整備を図ることが肝要である。

3．学校環境安全

学校の環境衛生の維持改善に関しては，職務執行の準則で「薬剤師と協力して必要な指導と助言を行う」とされている。

近年，ダイオキシンなどの環境汚染物質や，シックハウスまたはシックスクールなどへの対応が問題になっているが，それぞれの学校の立地条件，周辺環境によっていろいろ条件が異なるだけに，地方自治体への情報収集が必要になっている。

救急医療を要する事故が発生した場合の消防署，医療機関との連携はもちろんである。それに加え，その地域を巻き込んだ地震，台風，水害が発生した場合を想定した災害時マニュアルが自治体において策定されているが，学校においてもそれに連動して，PTSD（外傷後ストレス障害）対策を含めた対応マニュアルを，地域医師会，精神科医そして自治体との十分な協議のうえで策定しておかなければならない。

4．精神保健

　世の親達を震撼させた兵庫県や大阪府の児童殺傷事件を持ち出すまでもなく、「こころの問題」が学校保健の最重要課題の一つであることは論を待たない。

　しかし、多くの学校医は専門外のことであるため精神保健に関する知識も経験も乏しく、この分野での対応は必ずしも満足すべき状態には達していない。そこで精神科医、特に児童精神科医とのバックアップ体制を築くことが必要になる。各学校に精神科医を配しているところもあるが、精神科医の数にも限りがあり、市町村単位で、または児童相談所に児童精神保健に詳しい医師を配するなどの対応が考えられている。

　また精神保健に関しては、特にその地域の教育相談所、児童相談所、さらには警察なども含めた地域ネットワーク化を視野に入れておかなければならない。

5．健康教育

　日本医師会の学校保健委員会は、平成14（2002）年3月の答申「学校医活動における健康教育の在り方と推進のための方策」において、健診オンリー主義から積極的に健康教育・健康相談へシフトすることを提言している。

　実際、地域医療にも従事している学校医に対する地域社会からの期待は大きく、生活習慣病に結びつく食生活の問題、禁煙・禁酒・薬物乱用教育、エイズを代表とする性教育など、その地域特性に基づいて指導にあたるよう要請されている。

　近年、健康教育のより活発な活動・指導にあたることを期待して、「特別非常勤講師制度」が制定された。その活用が期待される。

Ⅲ　学校保健委員会，特に地域学校保健委員会

　学校保健の活動に地域とのかかわりが大切なことは以上述べてきたところである。しかし、学校職員をはじめ学校関係者、PTA、学校医等、そして地域の各界の代表者が一堂に会して総合的に話し合いを持つ"場"が具体的に設定されているわけではないのが現状であり、その点、地域を基盤として活動している地域医師会の対応が期待されるところである。

　それでは、実際に学校医は地域社会と具体的にどこで対応の場を持っているのだろうか。その場としては、学校保健委員会、特に市町村（自治体）単位で開催する"地域学校委員会（地区学校保健委員会、ブロック別学校保健委員会）"が最も有効に機能する。

　学校保健委員会については第2章2で述べられているが、地域との関連で簡略に述べると、学校保健委員会の段階ですでに教育委員会など行政の担当者が委員として参加しているところであるが、地域内の小・中・高等学校をはじめ、保育園なども網羅した全学校保健会が合同して設置する地域学校保健委員会ではさらにグレードアップして、行政から教育委員会はもちろん保健衛生担当職員も加わり、地域・関係機関の代表として保健所、警察署、町内関係者らが参加し、さらに議題により地域のさまざまな人々の参加を依頼して開催するものである。これは広域にわたる総合的な大きな問題の解決に有効に働くものである。

　また逆に、学校安全や「こころの問題」の検討など特定の個別的な問題の理解を深めるには、学校保健委員会内に小委員会を設置して、その道の専門家を招聘して相談するのも有効な一方法である。

第3章

健康診断

1．就学時の健康診断

衞藤　　隆（東京大学大学院教育学研究科健康教育学分野教授）

　就学時の健康診断とは，学校教育法第22条第1項の規定により，翌学年の初めから就学させるべき者に市（特別区を含む。以下同じ）町村の教育委員会によって実施される健康診断をいう。なお，同項で規定する学校とは，小学校または盲学校，聾学校もしくは養護学校の小学部のことであり，保護者には，子どもが満6歳に達した翌日以後における最初の学年の初めから就学させる義務がある。このため，該当する年齢に達する見込みのある者を対象として，就学前年の秋に市町村教育委員会が実施主体となり，特別な健康診断を実施するのである。以上の就学時の健康診断の実施については，学校保健法第4条で規定している。就学時の健康診断は，市町村の教育委員会が学齢簿を作成し，入学通知を行う就学義務と関連して，その一環として行われるものである。

　このように，ここで扱う健康診断は就学に当たってのものであり，実施内容，実施時期，事後措置等は入学後に行われる健康診断（児童生徒の健康診断）とは異なっている。根拠となる法令の条文も異なっている。

　市町村教育委員会は，この健康診断結果に基づき，治療を勧告し，保健上必要な助言を行い，さらには学校教育法第22条第1項に規定する義務の猶予もしくは免除，または盲学校，聾学校もしくは養護学校への就学に関し指導を行う等，適切な措置をとらなければならないと学校保健法第5条によって規定されている。

　就学時の健康診断の計画，準備，実施，評価の流れの概要は次の通りである。

表　健康診断に要する器械・器具等の一覧

	検診・検査	器械・器具等	点検・整備	消毒
検査的事項	視力検査	視力表，遮眼器，指示棒，消毒綿，巻き尺他	視力表等の必要数の確認等	遮眼器の消毒（アルコール消毒）
	聴力検査	オージオメータ	校正年1回	
医師・歯科医師による検診	眼科検診	消毒液，手洗鉢，手洗鉢台，タオル，ガーゼ，脱脂綿，ルーペ，ペンライト，おおい板，照明灯，回転椅子他	照明灯他の点検・整備	手洗鉢，タオルの消毒
	耳鼻咽喉科検診	消毒液，手洗鉢，手洗鉢台，タオル，ガーゼ，脱脂綿，捲綿子各種，耳鏡，喉頭鏡，舌圧子，ピンセット，額帯付反射鏡，光源（側燈），回転椅子他	必要数の確認，破損の有無の点検　照明灯他の点検整備	器具，手洗鉢，タオルの消毒（煮沸，乾熱滅菌等）
	内科検診	消毒液，手洗鉢，手洗鉢台，タオル，聴診器，打腱器，ペンライト，舌圧子，照明灯，回転椅子他	必要数の確認，破損の有無の点検　照明灯他の点検・整備	舌圧子，手洗鉢，タオル等の消毒（煮沸・乾熱滅菌等）
	歯科検診（歯及び口腔）	消毒液，手洗鉢，手洗鉢台，タオル，ガーゼ，歯鏡，歯科用探針，歯科用ピンセット，スケーラー，舌圧子，照明灯，回転椅子他	必要数の確認，破損の有無の点検　照明灯他の点検・整備	器具，手洗鉢，タオルの消毒（煮沸・乾熱滅菌等）

				平成　　年　　月　　日
就学予定者名		男・女	生年月日	年　　　月　　　日生
保護者名			住　　所	

本人について

(1) 生まれた時のようすで，知らせておきたいことがあれば記入してください。

(2) 予防接種等で，あてはまるものを○でかこんでください。
　　・ポ　リ　オ（未・済）　　　・ツベルクリン反応（未・陰性・陽性）
　　・Ｂ　Ｃ　Ｇ（未・済）　　　・は　し　か（未・済）
　　・風　し　ん（未・済）　　　・おたふくかぜ（未・済）
　　・水ぼうそう（未・済）　　　・ＤＰＴ三種混合（未・済）
　　・日　本　脳　炎（未・済）

(3) 予防接種で，知らせておきたいことがあれば記入してください。

(4) 今までにかかった病気があれば，番号を○でかこんでください。
　　1．は　し　か　　　2．風　し　ん　　　3．水ぼうそう
　　4．おたふくかぜ　　5．ぜ　ん　そ　く　6．川崎病（MCLS）
　　7．アトピー性皮膚炎　8．アレルギー性鼻炎　9．結　核
　　10．心ぞう病　　11．腎ぞう病　　12．その他（　　　　）

(5) よくおこる病気について記入してください。
　　（例えば，ひきつけ，ぜんそくのほっさ，扁桃炎など。）

(6) 現在，医師に診てもらっている病気があれば記入してください。

(7) からだやこころの健康および性格，行動のことで，学校へ知らせておく方がよいと思われることがあれば記入してください。

検査や診察の際，配慮してほしいことがあればお知らせ下さい。

図1　健康に関する調査票（例）

第１号様式（用紙　日本工業規格Ａ４縦型）（学校保健法施行規則第２条関係）

就　学　時　健　康　診　断　票

						健康診断年月日	
就学予定者	氏　名		性　別	男　女	保護者	氏　名	
	生年月日	年　月　日生	年　齢			現住所	
	現住所					就学予定者との関係	

主な既住歴						
予防接種		ポリオ　BCG　３種混合（百日咳，ジフテリア，破傷風） 麻疹　風疹　日本脳炎				
栄養状態	栄養不良		耳鼻咽頭疾患			
	肥満傾向					
脊　柱			皮膚疾患			
胸　郭			歯	齲歯数 乳歯	処置	
視　力	右	（　　）			未処置	
	左	（　　）		永久歯	処置	
聴　力	右				未処置	
	左			その他の歯の疾病及び異常		
眼の疾病及び異常			口腔の疾病及び異常			
その他の疾患及び異常						
担当医師所見						
担当歯科医師所見						
事後措置	治療勧告					
	就学に関し保健上必要な助言					
	その他					
備　考						

教育委員会名

図２　就学時健康診断票

1．年度初めの４月に実施計画，実施要領を作成。

2．９月に入学予定者名簿の作成。９～10月に保護者へ通知。その際，健康に関する調査票も同封されることがある。

3．10～11月に検査・検診を実施。11月から１月にかけ，治療勧告や保健指導等の事後措置を実施。また，この時期に就学相談，就学指導が実施される。

4．３月頃，就学時健康診断票を入学する学校長に送付（翌学年の15日前まで）。健康診断実施に関する評価を行い，次年度の計画立案に役立てる。

以上が市町村教育委員会によって行われる。

医師，歯科医師等に対しては，事前に教育委員会より実施計画の説明がなされ，協力が依頼される。この際，必要な器械・器具・使用する薬品や消毒方法についても確認しておく（**表**）。また必須ではないが，事前に健康に関する調査を行う場合は，項目等についても教育委員会との間で相談がなされることがある（**図１**）。

健康診断票の様式は，学校保健法施行規則第２条により定められている（**図２**）。担当医師所見の欄には，学校保健法第５条の規定によって市町村の教育委員会がとるべき事後措置に関連して担当医師が必要と認める所見を記入し，押印する（注１：学校保健法第５条　市町村の教育委員会は，前条の健康診断の結果に基づき，治療を勧告し，保健上必要な助言を行い，及び学校教育法第22条第１項に規定する義務の猶予若しくは免除又は盲学校，聾学校若しくは養護学校への修学に関し，指導を行う等適切な措置をとらなければならない。注２：学校教育法第22条第１項とは就学義務に関する規定である）。

なお，就学時の健康診断については以下のマニュアルを参考とすることが望ましい。

［文献］

日本学校保健会：就学時の健康診断マニュアル．日本学校保健会，東京，2002.

第3章

健康診断

2. 定期健康診断　1）目的と意義

衞藤　隆（東京大学大学院教育学研究科健康教育学分野教授）

I　目的と法的根拠

　定期健康診断の法的根拠は学校保健法第6条第1項，すなわち「学校においては，毎学年定期に，児童，生徒，学生（通信による教育を受ける学生を除く。）又は幼児の健康診断を行わなければならない」に求めることができる。また，同第1条において「この法律は，学校における保健管理及び安全管理に関し必要な事項を定め，児童，生徒，学生及び幼児並びに職員の健康の保持増進を図り，もつて学校教育の円滑な実施とその成果の確保に資することを目的とする」と述べられている。この中の保健管理の主要な部分を占めるのが健康診断であると理解されるので，健康診断の目的もここに求めることができる。第1条に述べられていることを具現化するうえで考えておかなければならないのは，1．学校は児童生徒等が集団生活をする教育の場であること，2．児童生徒等の健康は学校教育において学習能率の向上を図るための基礎となる資源であること，3．児童生徒等の健康の保持増進そのものが教育基本法で示される教育の目的に含まれるものであること，等である。児童生徒等の健康の保持増進を図るためには，1．学校教育に携わる者は，児童生徒等の発育，健康状態を正しく把握することが必要であること，2．児童生徒等は，自己の発育や健康状態について年齢あるいは発達段階に応じた理解と対処能力を持つ必要があること，3．保護者に対し健康に対する関心を呼び起こし，またそれを深め，学校における保健活動への協力を得る必要があること，等を考慮する必要がある。

II　意義

　健康診断が有する意義に関しては，同第7条に「学校においては，前条の健康診断の結果に基き，疾病の予防処置を行い，又は治療を指示し，並びに運動及び作業を軽減する等適切な措置をとらなければならない」と，その具体的活用法が示されている。健康診断は単なる検査の実施にとどまらず，その結果に基づいて健康上の問題が見いだされた者について，治療の勧告，学校生活についての指導，助言を行うことが大切である。また，健康相談等を活用し，個別の保健指導を行うとともに，学校教育活動全般の中で健康教育として活用することも大切である。

　定期健康診断の結果は学校として教育活動を実施するうえで必要とされるものであると同時に，対象者である児童生徒等および教職員一人ひとりにとって自身の健康管理上活用されるべきものである。前者については公簿としての健康診断票に記録され，制度的にもきちんと整備されているが，後者については一般原則がうたわれているだけである。たとえば健康手帳に個人の健康の記録として整備し，児童生徒等が自分でその内容を理解し，自らの日々の生活を通じた健康づくりに反映できるように配慮すること等が重要である。個人の生涯を通じた健康づくりに，健康診断結果をいかに活用し，地域保健，産業保険とも連続性を保つかが課題である。個人の健康情報の管理と活用については，健康増進法を根拠とした検討が進められている。プライバシーの保護など具体的課題が多く，今後の動向に注目する必要がある。

第3章

健康診断

2. 定期健康診断　2）事前準備

衞藤　隆（東京大学大学院教育学研究科健康教育学分野教授）

　健康診断を実施するうえで，学校ではあらかじめ年間を通した計画を立て，その中に健康診断を位置づけている。健康診断についての実施の流れは図1に示される通りで，実施計画，事前準備と指導，保健調査（結核健診の問診を含む），検査・検診，事後の活動，評価からなる。また，定

時期	実施段階	主な内容	留意事項
3月	実施計画	実施計画の作成 実施要領の作成	◇前年度の反省事項，学校行事としてのねらいの確認 ◇学校の保健委員会で原案作成 ◇学校医の指導助言 ◇職員会議で決定
4月	事前準備と指導	連絡調整 会場の確保・会場づくり 検査器械・器具・薬品等の点検 公簿等の整備 指導資料・諸用紙の準備 保護者への連絡 児童生徒等への指導	◇関係者・関係機関 　（学校医・学校歯科医・検診機関・行政担当課） ◇各検診・検査に適した教室または会場の確保等（教室または会場の責任者に依頼） ◇検査，検診用器械・器具・薬品等（早目に準備） ◇健康診断票（一般・歯口腔）・保健調査票 ◇教師用・児童生徒指導用印刷物・個票・検診用アンケート用紙・学級別記録用紙等 ◇保護者向け健康診断のお知らせ ◇保健だより　学級通信　学級活動
	保健調査	保健調査・アンケート	◇記載事項の確認　結果の活用 　（配慮を要する児童生徒を確認する等）
6月	検査・検診日	打ち合わせ 　職員全体 　各係 　担当 　学校医・学校歯科医　等 器械，器具（消毒）準備 測定・検査・検診 総合判定	◇朝会時に連絡と協力依頼 ◇検査・記録・補助・連絡係等 ◇欠席者・検査や検診の時間等 ◇学校医，検診機関の来校時刻の確認 ◇検査・検診の判定基準等 ◇実施状況の把握 ◇保健管理・保健指導方針の決定
7月	事後の活動	結果通知 未受診者の措置 統計処理 健康実態の報告と検討 教育計画の修正 児童生徒等への指導 公簿等の整理	◇治療の勧め（担任　児童生徒　保護者） ◇早期に対処 ◇記録整理・集計・統計的検討　健康実態の把握 ◇校内保健委員会・学校保健委員会 ◇校内企画（運営）委員会・職員会議等へ提案 ◇個別指導・グループ指導・全体指導・学級活動における指導 ◇管理区分表（個別）要管理者一覧表
	評価	健康診断実施に関する評価 児童生徒等の健康への関心や意欲	◇実施段階別・観点別評価 　①計画：教職員の共通理解　連絡調整　全体の日程　器械，器具　検査等 　②事前指導：指導の機会と方法　内容 　③実施計画：日程　役割分担　結果の記録方法　実施手順 　④事後指導：結果通知　医学的事後措置　個別指導　健康相談等 　⑤事後処理 ◇総合　発育発達状態の把握　疾病異常の把握　健康への関心　健康診断の必要性の理解等
8月		↓　　　↓　　　↓ 次　年　度　の　計　画　立　案	

図1　健康診断実施上の流れ

期健康診断において児童生徒等へなされる指導についてその流れを示すと**図2**の通りである。

健康診断の事前指導としては，**表1**に示されるように児童生徒等と保護者それぞれに対して行われるものからなる。

健康診断実施に際し，一般的に用いられる器械・器具等は**表2**に示される通りである。

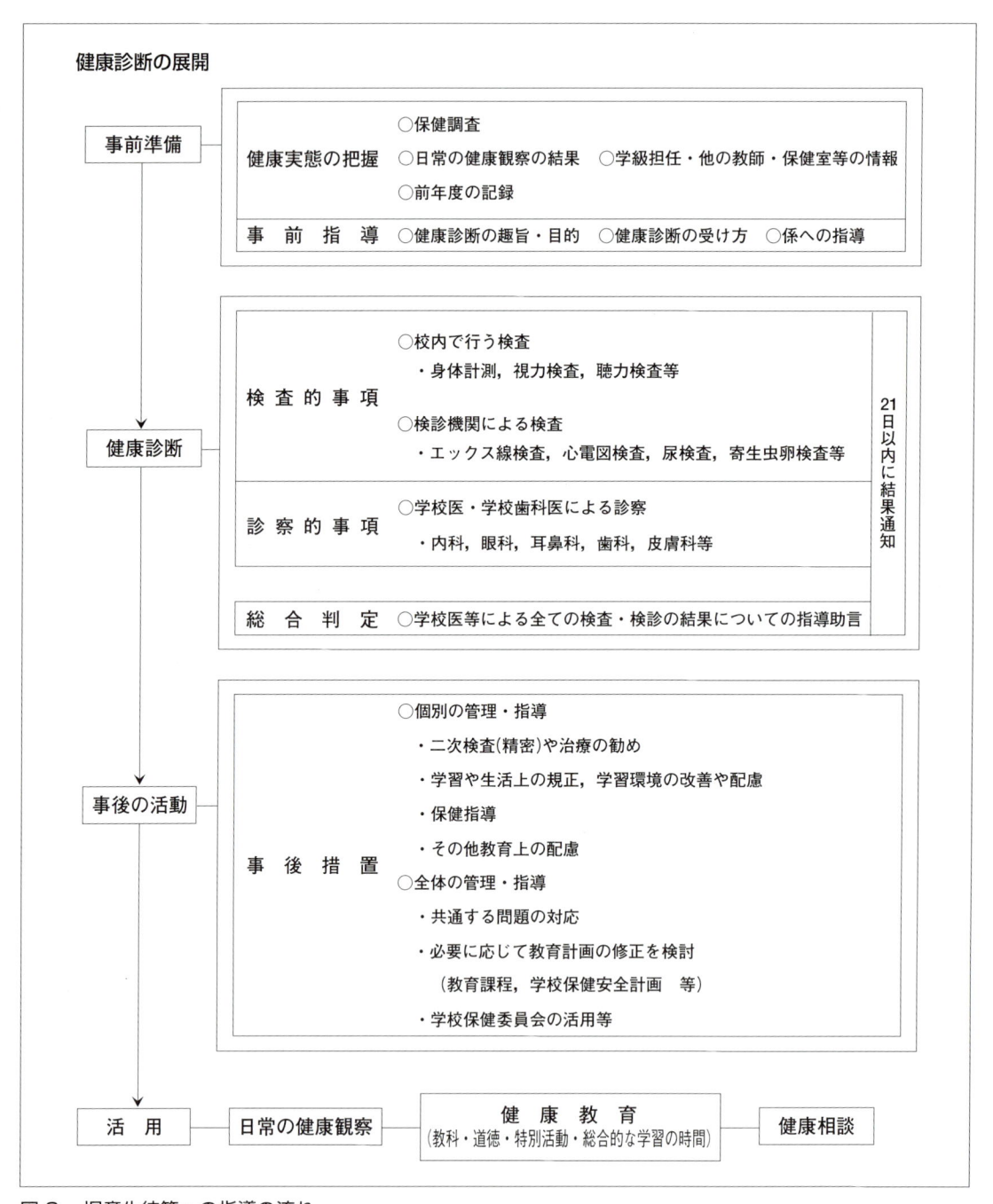

```
健康診断の展開

事前準備 ── 健康実態の把握 ── ○保健調査
                        ○日常の健康観察の結果  ○学級担任・他の教師・保健室等の情報
                        ○前年度の記録
         事　前　指　導 ── ○健康診断の趣旨・目的  ○健康診断の受け方  ○係への指導

健康診断 ── 検 査 的 事 項 ── ○校内で行う検査
                         ・身体計測，視力検査，聴力検査等
                       ○検診機関による検査
                         ・エックス線検査，心電図検査，尿検査，寄生虫卵検査等       21日以内に結果通知
         診 察 的 事 項 ── ○学校医・学校歯科医による診察
                         ・内科，眼科，耳鼻科，歯科，皮膚科等
         総 合 判 定 ── ○学校医等による全ての検査・検診の結果についての指導助言

事後の活動 ── 事 後 措 置 ── ○個別の管理・指導
                          ・二次検査(精密)や治療の勧め
                          ・学習や生活上の規正，学習環境の改善や配慮
                          ・保健指導
                          ・その他教育上の配慮
                        ○全体の管理・指導
                          ・共通する問題の対応
                          ・必要に応じて教育計画の修正を検討
                              (教育課程，学校保健安全計画　等)
                          ・学校保健委員会の活用等

活　用 ── 日常の健康観察 ── 健康教育 (教科・道徳・特別活動・総合的な学習の時間) ── 健康相談
```

図2　児童生徒等への指導の流れ

第３章　健康診断

表１　事前指導

対象者	内　　　　容（留意事項等）
児童生徒・学生及び幼児	健康診断は，学校教育法第12条及び学校保健法で規定されているように，学校保健における保健管理のための中核的な行事であるとともに，学習指導要領において特別活動の健康安全・体育的行事の一つとして位置付けられている。したがって，健康診断は教育的な側面のあることも考慮し，健康教育の一環としてその意義や目的，保健情報等を含めた事前指導を行うことが大切である。 　　a　健康診断の意義，目的，実施計画（要項等） 　　b　検診・検査項目と受診対象者の確認 　　c　健康診断の受け方（順番，会場への出入，服装，受ける時の態度等） 　　d　未受診者への指導（欠席，遅刻，早退等の場合） 　　e　係の児童生徒等への指導（健康診断実施計画案の項を参照） 　　f　保健情報
保護者	健康診断の趣旨，実施計画（要項等）について理解と協力を得る。検診・検査項目と受診対象者の確認や受診できなかった場合の措置・対応についても連絡しておく。 ※規則等により規定された検査以外の検査等を学校や地域等で独自に実施している場合には，その趣旨等について十分説明して理解を得ることが必要である。

表２　健康診断のため一般的に用いられる器械・器具等の一覧

○：必要　／：不要

検診・検査		器械・器具等	点検・整備	消毒
検査的事項	身　長　計　測	身長計	○	／
	体　重　計　測	体重計	２年に１回計量器検査	／
	座　高　計　測	座高計	○	／
	視　力　検　査	視力表，遮眼器，指示棒 消毒綿（アルコール等），巻尺他	○	遮眼器の消毒 （アルコール等）
	聴　力　検　査	オージオメータ	校正年１回	／
	結核検診　エックス線間接撮影	検診機関と連絡	対象者確認	／
	心　電　図　検　査	検診機関と連絡	対象者確認	／
	尿　　検　　査	検診機関と連絡	対象者確認	／
	寄　生　虫　卵　検　査	検診機関と連絡	対象者確認	／
学校医・学校歯科医による検診	眼　科　検　診	消毒液，手洗鉢，手洗鉢台，タオル，ペンライト，ルーペ，照明灯，回転椅子他	ライト他の点検・整備	手洗鉢，タオルの消毒
	耳鼻咽喉科検診	消毒液，手洗鉢，手洗鉢台，照明灯，回転椅子，耳鏡，鼻鏡，捲綿子各種，ピンセット，舌圧子，額帯付反射鏡，喉頭鏡，脱脂綿，ガーゼ，タオル他	必要数確認，破損の有無の点検	器械の消毒 （煮沸，乾熱滅菌等）
	内　科　検　診 栄　養　状　態 脊　柱　・　胸　郭 皮　膚　疾　患 心臓の疾病及び異常 その他の疾病及び異常	消毒液，手洗鉢，手洗鉢台，タオル，照明灯，回転椅子，聴診器，血圧計，打腱器，打診器，知覚計，舌圧子，ペンライト他	血圧計 （２年に１回計量器検査）必要数確認，破損の有無の点検	舌圧子等の消毒 （煮沸，乾熱滅菌等）
	歯　科　検　診 （歯・口腔）	消毒液，手洗鉢，手洗鉢台，タオル，ガーゼ，照明灯，椅子，歯鏡，歯科用探針，ピンセット，スケーラー，舌圧子，歯垢染色液他	必要数確認，破損の有無の点検	器具の消毒 （煮沸，乾熱滅菌等）

第3章

健康診断

2．定期健康診断　3）保健調査

衞藤　隆（東京大学大学院教育学研究科健康教育学分野教授）

　保健調査とは，健康診断に先立ち，個々の児童生徒等の健康情報を調べることにより，健康状態を総合的に評価するための補助資料を得るための調査をいう。これにより，健康診断がより的確に行われ，健康診断の円滑な実施に寄与することになる。健康診断が1年のある断面での調査であるのに対し，保健調査は各個人のこれまで歩んできた歴史的情報を与え，双方合わせて活用することにより総合的な健康評価が可能になる。保健調査は毎学年定期健康診断の前に実施されるべきである。

　保健調査の法的根拠は学校保健法施行規則第8条の2「法第6条の健康診断を的確かつ円滑に実施するため，当該健康診断を行なうに当つては小学校においては入学時及び必要と認めるとき小学校以外の学校においては必要と認めるときに，あらかじめ児童，生徒，学生又は幼児の発育，健康状態等に関する調査を行なうものとする」に求めることができる。

　保健調査の内容については特に法令等による規定はないが，平成7(1995)年に日本学校保健会から発刊された「児童生徒の健康診断マニュアル」によれば，**表**に示すような調査内容を含むとされている。実際には，これらを参考に各

表　保健調査の主な内容

検査項目	調査内容
健康基礎調査	出生時の状況，成育歴（発育のようす），生活歴（生活の習慣），予防接種歴等
既往症等	血液疾患，リュウマチ熱等配慮を必要とする疾患，強度のひきつけ，じんましん，ぜん息，肝炎，ヘルニア，やけど，交通事故の有無，外傷や骨折，手術の有無やその疾病等
栄養状態	食事の摂取状況，朝食，間食の状況
脊柱・胸郭・四肢	日常の姿勢，歩行等の異常の有無
眼	眼の疲労度，黒板の字の見え方，物の見え方，まぶしさ，目やに，眼の充血，涙がよくでる，色彩感覚
耳鼻咽喉	日本耳鼻咽喉科学会作成の調査票による
歯・口腔	歯列，歯肉の状態，噛み合わせ，歯みがき状況，顎関節の状態
内科　心臓	過去の心疾患の状況，チアノーゼ・動悸・息切れ脈の乱れ等の有無，川崎病の既往歴
内科　腎臓	本人の既往症，家族歴（慢性腎炎，腎不全，難聴を伴う腎炎等），浮腫，血尿，頭痛，食欲不振，頻尿，乏尿，疲労感，腰痛等の有無
ライフスタイル	睡眠時間，起床・就寝時間，便通の状態，運動時間，運動の種類，テレビ等の時間，塾等の状況
アレルギー様症状	眼，鼻，皮膚，呼吸器，消化器等　薬によるアレルギー，吸入アレルゲンによるもの（花粉，ダニ，ハウスダスト等），食物アレルギー等
その他　本人の自覚症状等	現在の健康状況（疲れやすい，頭痛がよくおこる，腹痛，食欲がない等）　体についての悩み
その他　家族における健康状況	家族が発見している健康上の問題（現在かかっている病気，日頃かかりやすい病気，長期に使っている薬，使える薬，その他連絡しておきたいことなど）
その他　学級における健康状況	学級担任等が気付いている健康上の問題

学校ごとに保健調査票が作成される。

　保健調査作成上，配慮すべき事項としては以下の諸点がある。
1. 学校医等の指導助言を得て作成する。
2. 画一的なものでなく，地域や学校の実態に即した内容のものとする。
3. 内容・項目は精選し，必要最小限とし，十分活用できるものとする。
4. 集計や整理が容易で，客観的分析が可能なものとする。
5. 発育・発達状態や健康状態，およびライフスタイルに関する特徴や生活背景をとらえることができるものとする。
6. 個人のプライバシーに十分配慮する。情報の保管とその取り扱いにも注意が必要なものであることを，作成時にも意識しておく必要がある。
7. 数年間継続使用できるものとする。
8. 緊急連絡先，健康保険証，かかりつけ医療機関の記入欄を設ける。

Topic

情報管理と学校医
村田　光範（和洋女子大学大学院総合生活研究科教授）

　学校医が関係する学校保健には，多くの個人情報が含まれている。特に健康診断については，そのほとんどが個人情報だといってもよいであろう。
　学校が持つインターネットホームページの中での学校保健関係情報の公開，これと個人情報保護法案の関係にも学校医として十分な関心と注意が必要である。

１．学校保健における個人情報の公開
　学校保健における個人情報は，医師が診療に当たる際の個人情報とは趣を異にしている。診療における個人情報は，患者自身の申し出か承諾のない限り，完全に医師と患者だけが知っているもので，決して公開されることはない。しかし，学校保健の健康診断結果は何らかのかたちで公開されることを前提としている。簡単に言えば，学校という組織が個人の情報を必要とし，それを活用するために健康診断などの学校保健活動を行っているのである。この情報が公開されないのであれば，学校保健活動の意味がなくなるといえよう。

２．学校保健法と情報公開
　現状の学校保健法は，情報の公開や守秘義務については明確な規定を設けていない。学校保健法に基づく活動の実施主体は学校であり，学校経営の責任者は校長であるとすれば，学校保健に関するすべての情報管理責任者は校長だといえる。
　これまでの学校保健は主に集団を対象にしていて，個人情報はその中に埋没してしまっていたか，あるいは極めて特殊な情報であって学校という組織全体が，その個人情報を共有しなくても問題がないことがほとんどであったと思われる。
　ところが，最近では個人情報が持つ意味が変わってきたのである。一つはインターネットの普及によって情報が不特定多数に向かって公開される可能性が高くなっていること，もう一つは体に関する健康問題に加えて，心に関する健康問題が大きくなると同時に，体と心の健康問題の境界がなくなってきていることである。
　インターネットについては後述するとして，健康の問題について具体的に述べると，脳高次機能障害を持つ児童生徒と学習障害に関して，この情報を誰がどのような状況下で，誰にどのような目的で公開するか，さらにこの問題に関して学校関係者が持つ情報と保護者が持つ情報は同じでよいのか，もしそれが違うとしたらその調整は誰が行うのかについては，情報公開の対象とその管理と絡んで，その対応が大変難しいのである。

３．インターネットホームページと個人情報保護法
　インターネットホームページは，極めて広範囲にわたる不特定多数に対して情報が公開されるという点で，今までの情報伝達手段と大きく違っている。簡単に言えば，情報を発信している側には，発信した情報を誰がどのような目的で収集しようとしているのか，そしてその情報をどのように解釈しようとしているかについては全く不明なのである。さらに，個人情報の保護に関する法律（個人情報保護法）の施行という状況の下では，インターネットによる情報公開については十分な注意が必要である。
　以上の理由から，学校保健の話題は原則としてインターネットホームページで公開される情報の対象にはそぐわないと考えてよいであろう。

４．具体的な対応について
　学区単位とその下部組織として，学校単位の守秘義務を規定した倫理委員会を設けて，学校保健の情報公開とその対応について審議することを検討する時期にきていると思っている。
　学校医は，関係する児童生徒についてあまりにも多くの個人情報に関与していることを考えて，これら情報の処理，とくにその公開について関心を持たなくてはならないことを強調したい。

第3章

健康診断

2. 定期健康診断　4）実施

身体計測

村田　光範
（和洋女子大学大学院総合生活研究科教授）

身体計測については，1．日本学校保健会に設けられた「健康診断調査研究小委員会報告書」について紹介し，2．毎年身体測定をする必要性，および個々の児童生徒の成長評価をするために身長，体重，座高の計測値をどのように活用するかについて説明する。

I　健康診断調査研究小委員会報告書について

日本学校保健会は，平成12（2000）年6月に保健管理調査研究委員会の中に「健康診断調査研究小委員会」を設け，学校保健にかかわる健康診断項目について検討を行い，その見解を発表している。この報告書によると，身体計測について次のように述べている。

「身長，体重および座高については，発育および健康状態の評価のために最も基本的な項目であり，これらの計測は毎年実施することが必要である。

発育には個人差があるので，身長や体重の成長曲線等を用いて発育に伴う変化に注目すると同時に，本人にも自覚させることが大切である。」

身体計測については，学校保健法（以下学校保健法といえば，本則と施行規則の両方を指すものとする）に，4月から6月までの間に身長，体重，座高を測定すると定められているが，上記報告書で改めて毎年実施することが必要であるとしていること，および身長や体重の成長曲線について述べていることに注目しなくてはならない。

II　毎年身体計測をする必要性と計測値の活用

学校保健における身体計測結果は，従来都道府県別，あるいは地域別の体位を比較することに用いられてきたが，日本人小児の体位の向上が頭打ちになっていることから，学齢期小児について集団として体位を比較検討することはあまり意味がなくなっている。とくに少子化の影響から，比較的少人数の学校間や地域間の体位比較については，平均値や標準偏差をよく検討しないと無意味な論議になってしまうこともあると思われる。このような現況の中で，なぜ毎年身長，体重，座高の測定を行う必要があるのかを考えなくてはならない。

1．身長成長速度曲線を用いた成長期の区分

大学生は別として，学齢期小児は6歳から17歳という年齢幅の中にいる。この間の成長に関する最も大きな特徴は，思春期の成長促進現象である。この思春期成長促進現象には個人差が大きく，個々の児童生徒の成長経過を正確に追うには，どうしても毎年定期的に測定された身長や体重の計測値が必要なのである。図1は身長成長速度曲線と呼ばれているもので，各年度に測定された身長差（身長が1年間に何cm伸びたか）をグラフにしたものである。図中，TOA（take off age）は思春期成長促進現象発来年齢，PHA（peak height age）は身長成長速度最大年齢，FHA（final height age）は最終身長年齢（身長成長速度が1cm/年になった年齢）である。

筆者は学齢期小児について，TOAまでを成

長の第1区分，TOAからPHAまでを第2区分，PHAからFHAまでを第3区分，FHA以降を第4区分としている。第1区分は心身ともに安定している時期である。第2区分は思春期に入り，性ホルモンなどの分泌動態が大きく変わり，心身の不安定さを増してくる時期である。第3期は性ホルモンなどによる影響が次第に落ち着きをみせ，第二次性徴も最後の発達段階に向かい，男子では精通，女子では初経をみる時期である。第4区分に入ると身長はほぼ成人の域に達し，生殖機能も成熟段階に達するのである。先に述べたように，第1区分から第4区分までの経過は，個々の小児によって大きく違うので，身長成長速度曲線を用いて個々の小児の成長経過を評価することは意義の高いことである。

身長成長速度曲線を描くのは極めて簡単で，前年度（1年前）の身長に比べて今年度の身長が何cm伸びているのかをグラフにすればよいのである。そして図1と見比べながら，対象小児がどの成長区分にいるのかを検討するのである。

2．成長障害の早期発見

個々の児童生徒について毎年計測された身長，体重，座高の計測値を用いることにより，

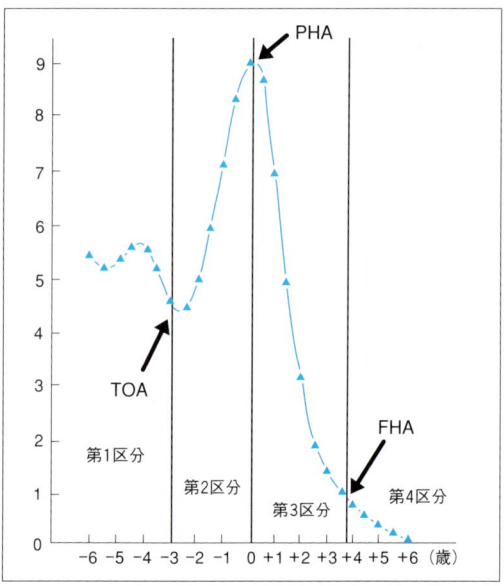

図1　身長成長速度曲線を用いた成長期の区分
TOA, PHA, FHAについては本文参照

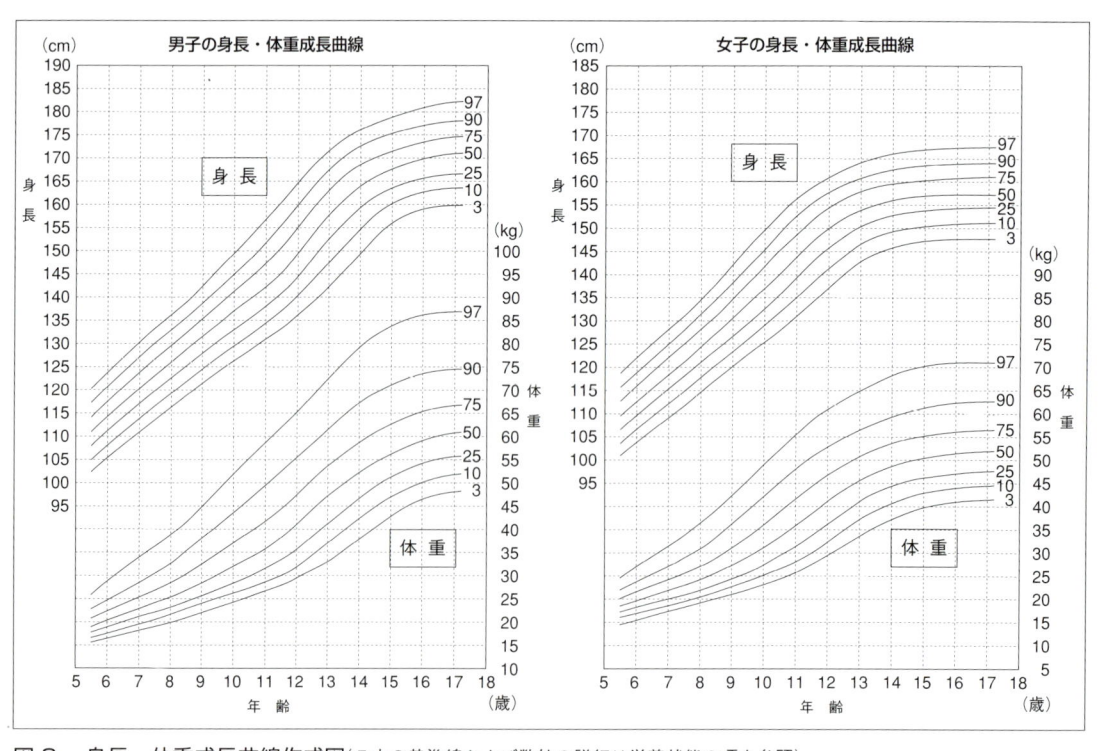

図2　身長・体重成長曲線作成図（7本の基準線および数値の詳細は栄養状態の項を参照）

肥満はもとより性早熟症，甲状腺機能低下症，神経性食欲不振症をはじめとする低身長や体重増加不良などの疾患を早期に発見することができる。そして，これらの疾患は早期に対応することで完全に治しうる可能性が高い点で大きな意義があるといえる。身長と体重の成長曲線作成図を図2に示した。

図3に性早熟症が示す身長と体重の成長曲線パターンを模式的に示した。この例のように，もともと低身長であったものが急に身長が伸び出すと本人も保護者も喜ぶが，早晩骨端線が閉じて身長が伸びなくなり，極端な低身長になってしまう。このような結果になる前に，身長と体重の成長曲線にみられる異常パターンを発見して性早熟症の疑いを持ち，確定診断しなくてはならないのである。すでに述べたように，これら疾患は早期に診断がつけば治療が可能な疾患であることから，毎年の身長や体重の計測値を活用する必要があるし，また毎年計測しなければ分からない情報であることを強調したい。

毎年計測している身長，体重の値を，図1に示した成長速度曲線および図2に示した成長曲線（正しくは成長現量値曲線）として評価することは，各種の成長障害の早期発見もさることながら，すべての児童生徒の成長特性を見極めることができることに留意し，これらの計測値の活用を図るべきである。

座高の計測値に関しては，上節下節比（座高／（身長−座高））を計算することによって，成長障害の鑑別診断に役立つことに加え，個々の児童生徒について椅子や机の高さを適切に調節するための資料としても有用である。

3．集団における縦断的資料の活用

すべての児童生徒が毎年身体計測をした結果が，これも毎年学校保健統計調査報告書の中に報告されている。これらの値が毎年報告されているからこそ，平成2（1990）年に5歳であった集団は次の年には6歳になり，さらに次の年には7歳と，17歳まで同じ集団の身長，体重，座高の推移を追うことができる。このように年を追って縦断的資料（正しくは個人の縦断的資料と意味が違うという点で，半縦断的資料という）が得られることは，児童生徒の体位の変化を正確に検討できるという点で極めて貴重なことである。このような資料は世界でも日本にしかなく，学校保健の事業として誇るべきことだ

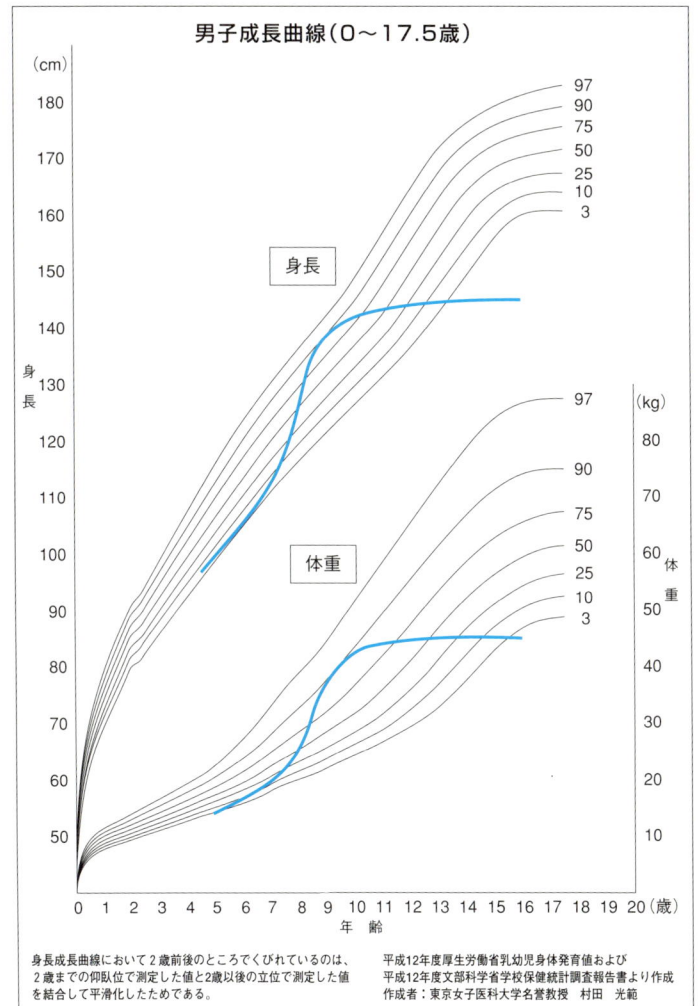

図3　性早熟症の身長と体重の成長曲線パターン
7本の基準線および数値の詳細は栄養状態の項を参照

といえる。

　身体計測は毎年行われる必要があることについて具体的に説明した。これら身体計測は正しく行われなくては値の持つ意味が失われてしまう。身長，体重および座高の計測方法については，学校保健法施行規則第5条に方法および技術的基準として記載されているので，参照していただくようにお願いする。

栄養状態

村田　光範
（和洋女子大学大学院総合生活研究科教授）

　学校保健の健康診断項目について見直しを視野において検討が行われ，その結果が日本学校保健会から「平成14(2002)年度健康診断調査研究小委員会報告」として出版されている[1]。その報告書による栄養状態に関する見解を紹介し，次いで学齢期の肥満とやせを中心に栄養状態の具体的な評価について解説する。

I　平成14年度健康診断調査研究小委員会報告について

　平成14年度健康診断調査研究小委員会報告書では，栄養状態について次のように述べている。「肥満及びやせ傾向等栄養状態の評価のためのスクリーニングとしては，身長及び体重の成長曲線・性別・年齢別・身長別標準体重等を用いた上で，最終的には学校医の判断で決定する。
　成長期の児童生徒等に関するBMI（Body mass index；kg/㎡）は，年齢や身長によって基準値が大きく異なるので，それだけをもって個々の児童生徒等の栄養状態を追跡して評価するには不適当である。」
　上の報告書は，成長期にある児童生徒は日々身長及び体重が増加しているので，その増加の状態を単に一時点の身長及び体重の数値だけで評価するのではなく，身長及び体重の成長曲線の変化でとらえることが重要であり，肥満ややせを評価する基準としての標準体重や性別，年齢，身長といった多くの因子によって決まることを考慮する必要があることを示している。
　成人の肥満ややせを評価する指標としてBMIは極めて有用なものであるが，学齢期のように成長期にある小児の肥満ややせを評価する指標としては多くの問題があることを理解しておく必要がある。以下にこれらのことを具体的に解説する。

II　身長と体重の成長曲線による栄養状態の評価

1．身長及び体重増加の規則性について

　成長期の小児における身長や体重の増加には一定の規則性がある。この規則性から身長及び体重の増加が大きなずれを示す場合には成長障害があると考えてよい。身長や体重の増加の規則性のずれを明確に示してくれるのが，身長及び体重の成長曲線パターンなのである。身長及び体重の成長曲線を描くには，身体計測の項に示した身長・体重成長曲線作成図(P.36，図2)を用いる。この身長・体重成長曲線作成図には上下に7本の基準線があるが，これは上から97，90，75，50，25，10，3の各パーセンタイル値を示す線である。この線と線とにはさまれた部分をチャンネルというが，実際の身長，あるいは体重の成長曲線がこのチャンネルを横切って上向き，または下向きになると異常（規則性が保たれていない）と判断する。

2．身長と体重の成長曲線からみた肥満とやせの判定

①肥満
　肥満には2つの型があり，身長の伸びが正常（規則性）であるのに対して体重の増加が異常（不規則性）に多い成長曲線パターンを示すものは単純性肥満，身長の伸びが異常に少ないにもかかわらず，体重の増加は異常に多いものは症

第3章 健康診断

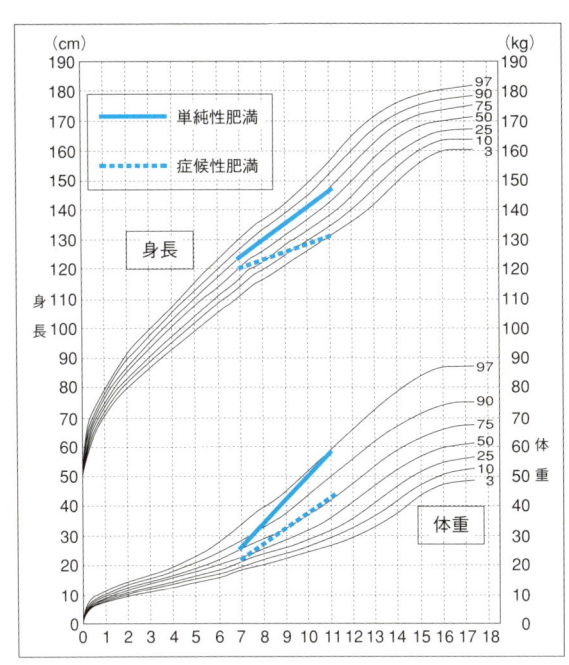

図1 身長と体重の成長曲線パターンによる
　　 単純性肥満と症候性肥満

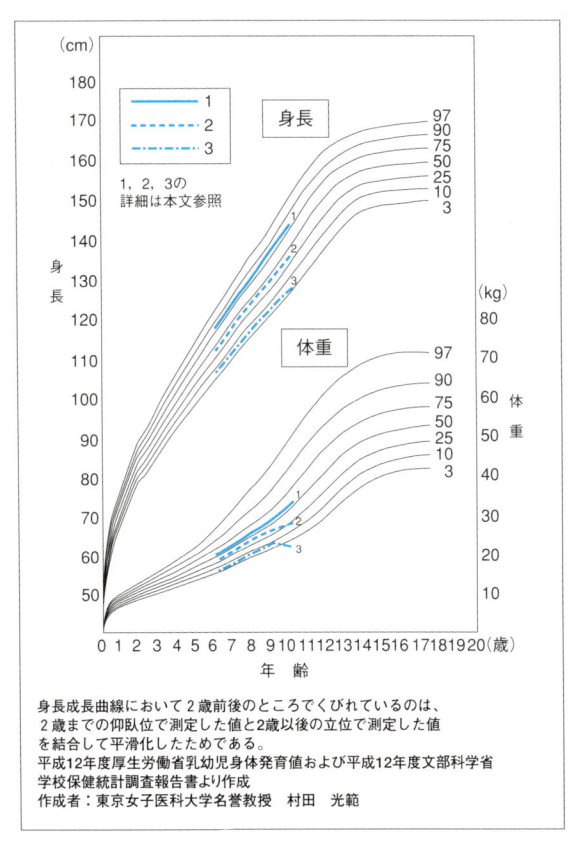

図2 女子成長曲線（0〜17.5歳）

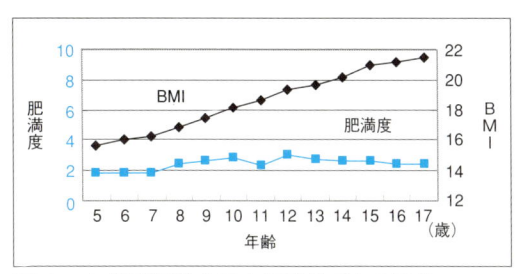

身長成長曲線において2歳前後のところでくびれているのは、
2歳までの仰臥位で測定した値と2歳以後の立位で測定した値
を結合して平滑化したためである。
平成12年度厚生労働省乳幼児身体発育値および平成12年度文部科学省
学校保健統計調査報告書より作成
作成者：東京女子医科大学名誉教授　村田　光範

図3 年齢別標準身長と標準体重から計算した
　　 肥満度とBMI（男）
資料：平成12（2000）年度文部科学省

候性肥満である。このことを模式的に図1に示した。

②やせ

やせには3つの型があり、1．身長の割には体重が少なくやせ型であるが、それぞれの成長曲線パターンは正常であるもの、2．体重は増加してはいるが、そのパターンは異常に下向きを示すもの、3．現在の体重が過去の体重より少ないものである。これら3つのやせの体重成長曲線パターンを模式的に図2に示した。1のやせは体質的なやせと考えてよいが、2と3はできるだけ早くやせの原因を究明しなくてはならない。特に神経性食欲不振症、あるいは思春期やせ症といわれる心理的、精神病理的背景をもったやせには、3のパターンを示す初期段階で適切に対応することが極めて重要である。この初期状態を見つけるには、体重成長曲線の検討以外にはよい方法がないのである。

身長と体重の成長曲線パターンを用いることで栄養状態の質的な評価はできるが、その量的評価、特に集団を対象にした評価が難しいという欠点がある。この点を補うために体格指数を用いる必要性が生じてくる。

Ⅲ 体格指数を用いた栄養状態の評価

1．BMI（カウプ指数）とローレル指数

BMI〔体重（kg）/身長（m）^{2}〕は小児科領域ではカウプ指数と呼ばれている。BMIは学齢期の子どもの肥満ややせを評価する指数としては問題

表　標準体重計算式

年齢	男子 a	男子 b	年齢	女子 a	女子 b
5	0.386	−23.699	5	0.377	−22.75
6	0.461	−32.382	6	0.458	−32.079
7	0.513	−38.878	7	0.508	−38.367
8	0.592	−48.804	8	0.561	−45.006
9	0.687	−61.390	9	0.652	−56.992
10	0.752	−70.461	10	0.730	−68.091
11	0.782	−75.106	11	0.803	−78.846
12	0.783	−75.642	12	0.796	−76.934
13	0.815	−81.348	13	0.655	−54.234
14	0.832	−83.695	14	0.594	−43.264
15	0.766	−70.989	15	0.560	−37.002
16	0.656	−51.822	16	0.578	−39.057
17	0.672	−53.642	17	0.598	−42.339

標準体重＝a×身長(cm)+b

肥満度＝[(実測体重−標準体重)/標準体重]×100

がある．その理由を図3に示した．

図3は5歳から17歳まで平均的な身長と体重で経過した男子のBMIと肥満度（肥満度については後述）との推移を比較したものである．当然のことながら肥満度は2％前後で経過するが，BMIは16から22と6も増加しているのである．BMIについて数字のまま受けとめると，5歳から17歳までにBMIが6も大きくなり，肥満したという評価になる．正常体格であっても身長が高いか，低いかでBMIの基準値が違うので，年齢による補正もできないのである．端的に言えば，BMIの数値だけでは個々の子どもについて肥満の経過を追った検討ができないのが最大の問題といえる．

成長期の栄養状態評価指数としてのローレル指数〔体重(kg)/身長(m)^3×10〕についてもBMIと同様の問題があるので，この点十分に注意する必要がある．

2．肥満度

肥満度は｛(実測体重−標準体重)/標準体重×100(％)｝で計算される．図3に示したように個々の肥満ややせについて経過を追って検討するには肥満度が適切である．児童生徒の性別，年齢別身長別標準体重計算式を表に示した．

肥満度を含めて体格指数についてこれ以上検討する余裕がないので，詳しくは別の論文[3]をご覧いただければ幸いである．

IV　最終的には学校医が判定することの意味

肥満あるいはやせを単に肥満度などの数字で判断するのではなくて，介入を要する肥満あるいはやせなどの栄養状態に関する判断は学校医が専門的立場からなすべきである．

[文献]
1) 日本学校保健会：平成14年度健康診断調査研究小委員会報告．日本学校保健会，東京，平成15年；p1．
2) 村田光範：成長曲線パターンと肥満度について．小児科臨床　2003；56：2315-2326．
3) 村田光範：小児肥満の判定と治療．内科 2003；92：231-237．

脊柱，胸郭，四肢

富永　孝
（神奈川県医師会理事）

I　脊柱

脊柱の変形は躯幹の変形を伴い，他の内部異常に比べて外観から容易に気づくもので，その存在の確認は，決して内科校医でも難しいものではない．

側弯症の大多数は10〜15歳にかけて発生し，女子は11〜12歳，男子は13歳ごろに急速に進展する．

側弯症には機能性側弯症と構築性側弯症があ

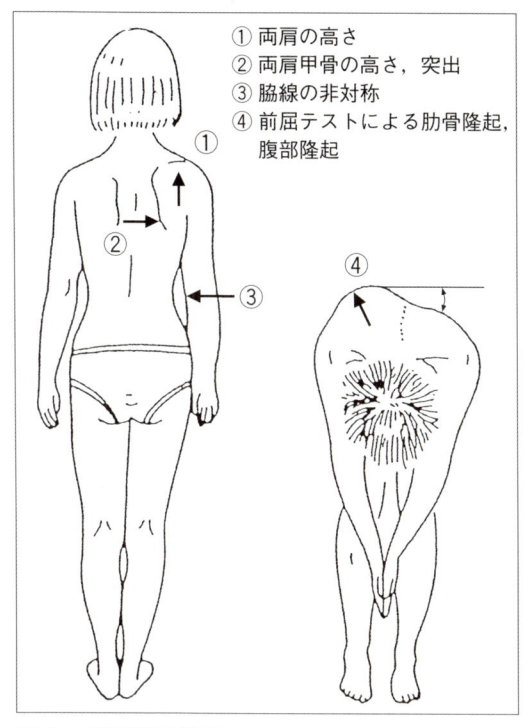

図1　側弯症の検診

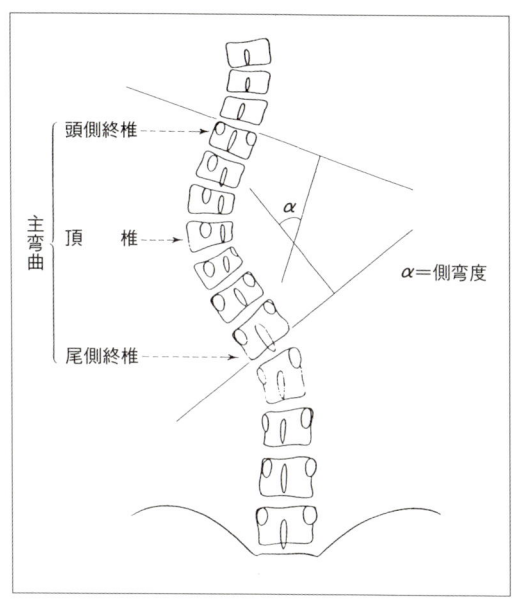

① 両肩の高さ
② 両肩甲骨の高さ，突出
③ 脇線の非対称
④ 前屈テストによる肋骨隆起，腹部隆起

図2　側弯度測定法（Cobb法）

頭側終椎
主弯曲
頂　椎
尾側終椎
α＝側弯度

る。機能性側弯症は一時的側弯で，原因としては不良姿勢，坐骨神経痛，先天性股関節脱臼，下肢の骨折，関節の外傷などによる左右の脚長差が挙げられる。児童にみられるものは不良姿勢によるものが最も多く，姿勢性側弯症とも呼ばれている。これは一過性のもので，姿勢を正しくすることで自然に矯正される場合が多い。適度の運動を推奨することが大切である。

構築性側弯症は脊柱の側方への弯曲と同時にねじれが加わり，凸側に曲げても側弯は消失しないもので，原因の不明な特発性側弯，椎体の先天性変形など原因の分かっている側弯症に大別される。特に思春期側弯症の大部分（80％以上）を占める特発性側弯症は，7対1の割合で女子に多い。側弯症は身長の発育が停止するまで進行する。胸郭が扁平で後弯の少ない胸郭側弯には，装具治療に抵抗性が認められる。成長が終わるまでに50°以内にくい止めることが治療の目的である。しかし，成人になってからは40°〜45°の側弯はあまり進行しないが，腰椎部の側弯は肋骨のような支持がないため，わずかに進行傾向を示している。2年間に約1°進行するといわれている60°以上の側弯では，呼吸機能障害が認められる。

近年，母子ともに日本人の栄養が良好になったため，脊柱側弯症は激減している。また，脊柱変形の治療学の進歩により，側弯症が早期に発見されれば，簡単な装具を中心とした保存的治療に加えて，体操療法で弯曲の進行を阻止することができるようになった。ぜひ，早期発見に努めてほしいものである。しかし，進行した側弯症に対しては，手術療法を必要とする場合が多い。最近，手術療法は進歩し，比較的安定した成績が得られている。しかし，脊柱に沿って広範囲の切開を施すことや，金属機器が使用されることから，患児にとって決して望ましいものではない。

1．脊柱の視診法

まず上半身を裸にして，楽な立位姿勢でまっすぐ立たせて，背面より観察することが大切である（図1）。

脊柱には前後の生理的弯曲があり，可動性である。しかし，平背や胸部の後弯がめだつ円背

表 側弯，前後弯の指導と治療のめやす

医療面からの区分	側弯度	後弯度	指導，治療のめやす
(1) 正常範囲	10°未満		
(2) 要注意	10°～14°		日常，学校や家庭で姿勢に注意し，次年度の検診で慎重にチェックする
(3) 専門医による観察	15°～19°	35°～	専門医により3～6カ月ごとの定期観察を必要とする
(4) 要治療	20°～40°	40°～60°	装具治療 ｛夜間就眠時のみ装用／在宅時のみ装用／在宅時と週2～3日学校で装用／体育，入浴時以外全日装用｝
	40°～50°以上	60°以上	手術療法

などもある。脊柱側弯症は背面からみたとき，脊椎が左右側方に曲がっている。弯曲の凸側のほとんどのものが右側凸である。最も大きい弯曲を主弯曲と呼び，その頭側と尾側に主弯曲より軽い代償性弯曲がみられる。これは体のバランスをとるための二次性弯曲である。

1) 左右肩の高さに差があるかどうか
2) 左右肩甲骨の高さや突き出し方に差があるかどうか
3) 左右の脇線（ウエストライン）の非対称性があるかどうか
4) 前屈させて，肋骨隆起や腰部隆起の有無およびその程度を調べる。前屈テストに際しては，肩の力を抜いて，両上肢を下垂させ，両側の手掌を合わせて，これが両膝中央にくるようにする。検者の目の高さを児童生徒の背面の高さと同じにして，目の高さを頭側より尾側へ少しずつ動かし，肋骨隆起を観察し，次いで腰部隆起の有無を観察する。隆起の程度を知るために，水準器のついた計測器などを用いて角度を測ってもよい。肋骨隆起の程度と側弯度（Cobb角）とはかなり正の相関関係がある。7mm以上または5°以上の肋骨隆起がCobb角の20°以上に相当し，これがチェックポイントとなる（図2）。
5) 立位での脊柱線が左右に偏っていないか，また胸椎で右・左凸か，腰椎で右・左凸かなどをみなければならない。
6) 側弯症検査に合わせて，胸椎部後弯の増強（円背）や腰椎部前弯の増強についても観察し，チェックしておくことが望ましい。

ショイエルマン後弯症による後弯は思春期に発生し，胸椎の円背と腰椎の前弯が著明となり，しばしば疲労，疼痛を訴える。

2．事後措置について

健診に伴う治療適応基準は表に示すとおりである。しかし，Cobb角40°～60°の間の治療方針決定は専門家も慎重に対応している。カーブパターン，年齢などから総合的に判断することになる。客観的な検診法としてモアレトポグラフィー法がある。体表面にしま模様の等高線を描き，左右背面の高さの違いを光学的に知る方法である。これは必ずしも必要でなく，視診で代用できるため，全国でも備えている学校は少ない。また，側弯症の正確な診断にはX線検査が必要であるが，学校定期検診で全例にこれを行うことは，放射線被曝の点からも避けなければならない。

Ⅱ 胸部

胸部の形態，大小および肋骨の発達程度を，体の前後左右から視診により検査を行う。

ときに脊柱側弯症に伴う胸郭の変形により，呼吸に障害が出て心肺機能の低下をみることもあるので，単に形態異常のみにとらわれることなく，それによってもたらされる障害にも注目する必要がある。

出生時正常であっても，心臓血管奇形，肺奇

形，横隔膜ヘルニアなどがある場合，成長するにしたがい，変形が現れてくることがある。しかし，一般には先天性異常による変形が最も多く，これからは1．胸骨の異常，2．肋骨の異常，3．椎骨の異常が挙げられる。

肋骨の数の増減，発育不全はまれでないが，臨床症状を呈さないことが多い。胸椎の発育異常には椎体癒合症，半側椎体，椎体矢状裂，二分脊椎，側弯症などがある。胸郭全体の変形として漏斗胸，鳩胸，扁平胸がある。

漏斗胸は前胸部が中央線において卵形や卵円形に陥没したものをいう。遺伝的傾向が大きい先天性疾患で，4対1の割合で男性に多いとされている。漏斗胸はしだいに増悪し，成人になり胸骨の骨化が完成すると進行が止まる。胸部内臓器の圧迫が多ければ，手術が必要となる場合もある。

鳩胸は胸骨とそれに接する肋骨部が左右から圧迫されて，胸骨とともに前方に突き出し，舟の竜骨に似た変形をなすものをいう。側方肋骨は陥没しているものが多い。発生のピークは7〜8歳ごろで，成長とともに増悪傾向はない。症状を示さないものが大部分である。

扁平胸はしばしば円背に随伴して現れるが，臨床上の意味はほとんどない。

このほか，肩甲骨高位症がまれにある。これは先天性に一側あるいは両側の肩甲骨が正常よりも高位にあるものをいう。高度なものは手術的に治療される。

III 四肢

成長期の骨は弾力性に富み，また関節は柔軟性に富んでいる。骨端部には成長軟骨があり，種々の刺激で急速な過成長が起きたり，種々の疼痛や異常が起こりやすい。

関節の可動域制限，下肢の形態異常，膝内反（O脚），膝外反（X脚），関節の弛緩性，内反足，外反扁平足などをチェックする必要がある。肩や肘・膝関節などに長期にわたる過使用によるスポーツ障害で，疼痛を訴える児童生徒もいるので注意しなければならない。

脊柱や胸郭の検査の際に，同時に骨，関節の異常と四肢の形態の異常を要領よく，すみやかに観察する方法を習得することが肝要である。たとえば両手を持ち，上肢を挙上しながらしゃがみ姿勢をとらせ，再び起立させる。このとき，肘・手関節の屈伸を行わせることにより，15秒も要せず肩・肘・手・股・膝・足関節の可動域や関節痛を検査することが可能になる。

学校医による視触診などで疼痛・異常などが認められた場合は，医療機関で検査を受けるよう勧め，専門医の判定を待つべきである。

視力

三宅　謙作
（日本眼科医会副会長）

眼科学校保健諸検査の中で最も重要なものは視力の測定である。以下にその重要な諸点を，日本眼科医会学校保健部平成13（2001）年発行の眼科学校保健ガイドライン[1]，および日本学校保健会平成14（2002）年発行の就学時の健康診断マニュアル[2]より引用し解説する。

I 検査の目的と意義

学校における視力検査は，学校生活に支障のない見え方（以下視力という）であるかどうかの検査である。視力は学習にも影響を与えるものであり，重要な検査である。

視力検査の際，裸眼視力を測定することが望ましいが，眼鏡やコンタクトレンズ等を常用している者については，検査に問題のあるものや本人が希望しない場合は裸眼視力の検査を省略することができる。これは，日常の学校生活の中での見え方を知ることを目的としているため

である。0.3，0.7，1.0の3視標によって判定する視力検査は、学校における健康診断がスクリーニングであり、最終診断でないという基礎の上に組み立てられている。

II 検査の実際

1．視力表

　国際標準に準拠したランドルト環を使用した視力表の0.3，0.7，1.0の視標を使用する。汚損，変色，しわのある視力表は使用しないことに注意すべきである。また，視力表から5メートル離れた床上に，白色テープなどで印をつけておくことが必要である。

　一般用小学校高学年用では，視標が2ないし3センチメートル間隔で並んでいる並列（字づまり視力表）を使用する（図1）。また小学校低学年用では，単一（字ひとつ視力表）が望ましい（図2）。

2．照明

　視標面の照度は300ないし700ルクスとする。

3．遮眼器

　片眼ずつ検査するときに眼を圧迫しないで確実に覆うためのもので，金属製，プラスチック製等がある。遮眼器は直接眼に触れることもあるので，感染予防のため清潔に留意し，消毒が必要である。

4．指示棒

　視標を指すための棒で，視力表に手指などが触れて汚れたり傷つけたりすることのないように指示棒を使用する。

5．検査室

　あまり狭くない部屋でカーテンを使用し，直射日光が入らないようにする。目うつりするような掲示物等は片づける。騒音や雑音等の入らない，落ち着いた雰囲気で検査できるように努

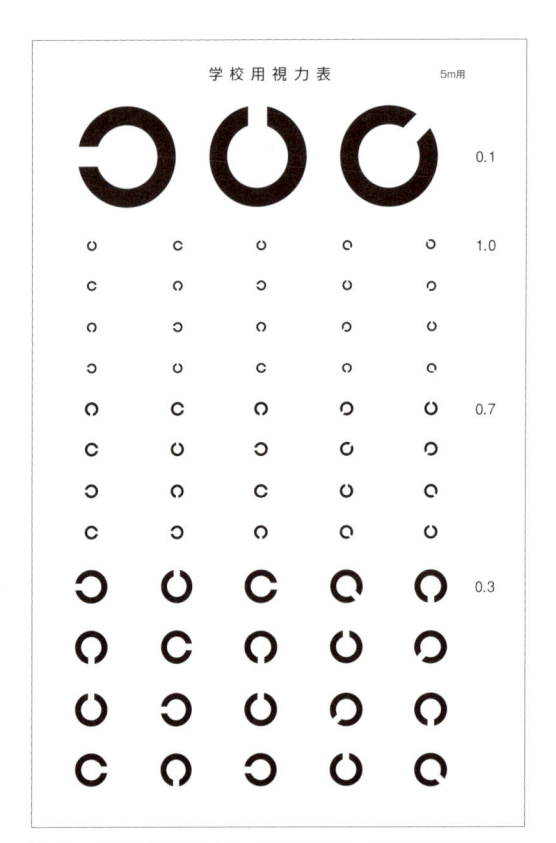

図1　学校用並列（字づまり）視力表（日本眼科医会編）

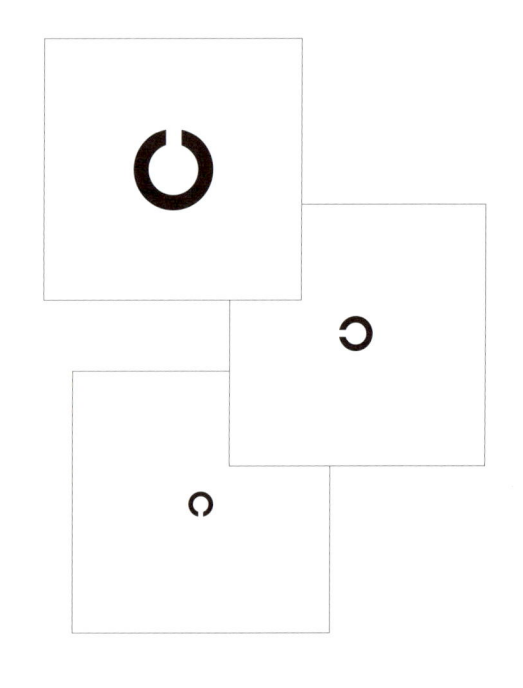

図2　小学校低学年用・単一（字ひとつ）視力表
　　　（日本眼科医会編）

表　視力判定表

<table>
<tr><th rowspan="7">視力の判定</th><th>使用視標</th><th>判定結果</th><th>評　価</th><th>次の手順</th><th>備　　考（事後措置等）</th></tr>
<tr><td rowspan="2">1.0</td><td>正しく判別</td><td>A</td><td>終了</td><td>処置の必要なし（例外は事後措置参照）</td></tr>
<tr><td>判別できない</td><td></td><td>0.7で検査</td><td rowspan="3">視力Bの場合，再検査を実施し，再度B以下の場合は眼科専門医の受診を勧める</td></tr>
<tr><td rowspan="2">0.7</td><td>正しく判別</td><td>B</td><td>終了</td></tr>
<tr><td>判別できない</td><td></td><td>0.3で検査</td></tr>
<tr><td rowspan="2">0.3</td><td>正しく判別</td><td>C</td><td>終了</td><td rowspan="2">視力C，Dの児童生徒の場合，眼科専門医の受診を勧め，その指示に従うように指導する．</td></tr>
<tr><td>判別できない</td><td>D</td><td>終了</td></tr>
</table>

＊「正しく判別」とは，上下左右3方向のうち2方向以上を判別した場合をいう．
＊「判別できない」とは，上下左右3方向のうち1方向以下しか判別できない場合をいう．
＊視力判定：A（1.0以上）　B（0.9〜0.7）　C（0.6〜0.3）　D（0.3未満）

める．視力表は，背後に窓などがない明るくない位置に配置する．

Ⅲ　検査の方法

幼稚園児や小学校低学年の児童では，検査に対する不安や不慣れのために正確な検査結果が得られないこともあるので，事前に予行を試みるとよい．図1と図2の大きな視標は，予行に使用するために設けたものである．

1．視力用から目までの距離は5メートルとし，立たせるか椅子にかけさせる．
2．目の高さと視標の高さはほぼ等しく視線と視標面は直角に交わり，かつ垂直に視力表を置くことが望ましい．
3．最初に左眼を遮眼器で眼球を圧迫しないように，覗き見しないように注意しながら遮蔽する．右眼から目を細めないで視標のランドルト環の切れめを答えさせる．
4．始めに1.0の視標について上下，左右，3方向を任意に見させ，2方向を正しく判断できれば1.0とする．判断できない場合は0.7，0.3の視標についてさらに検査を続ける（**表**の視力測定表示参照）．左眼についても同様に行う．
5．幼稚園児，小学校低学年の児童については単一視力表を用い，ランドルト環の切れめが上下，左右にあるもののみとする．
6．小学校高学年以上については原則として並列（字づまり視力表）を用い，ランドルト環の規定に斜めの方向を加えるという小学校高学年以上の指導，生徒等で精神発達の十分でない場合は小学校低学年に準じた配慮が望ましい．
7．眼鏡やコンタクトレンズ等常用している者等については，検査に問題があるものや本人が希望しない場合は裸眼視力の検査を省略することができる．
8．眼鏡をときどき使用している者については，裸眼視力の検査が終わった後，眼鏡使用時の視力を検査する．
9．眼鏡を使用したまま検査する場合，眼鏡レンズをよく拭いて汚れを取っておく．
10．コンタクトレンズ使用者の裸眼視力が必要な場合は，コンタクトレンズを外した後のかすみ（スペクタクルブローで，回復までに30分前後のものから長いものでは1日，2日を要するものもある）のため，正確な視力測定が困難なこと，取り外しすることによるコンタクトレンズの汚染，破損，感染の危険等も十分考えられるので眼科医の指導，指示によって実施する．

以上の準備と方法によって測定した視力の判定評価法と自己措置の概略を表に示す．

[文献]
1）日本眼科医会学校保健部：眼科学校保健の手引．日本眼科医会，東京，2001．
2）日本学校保健会：就学時の健康診断マニュアル．日本学校保健会，東京，2002．

聴力

神田　敬
（日本耳鼻咽喉科学会）

I　音の伝導路と難聴との関係

　外耳道より入った音刺激が大脳側頭葉に到達する経路の中で，障害部位によって難聴はいくつかに分類される。外耳道から中耳，さらに内耳への連絡口である卵円窓・正円窓までの間を伝音系といい，この経路に原因がある難聴を伝音難聴という。内耳から聴神経を経て中枢に至る経路を感音系といい，この経路のいずれかに障害のある場合を感音難聴という。

II　検査の目的と意義

　学校において聴力検査を行うことの目的は，児童生徒の聴覚障害を事前に発見し，教育指導，事後措置などをきめ細かく行い，学校教育を円滑に遂行するところにある。
　特に中等度および高度の聴覚障害がある児童生徒については，教育上特別な配慮（取り扱い）を行わなければならない〔昭和53（1978）年，文初特309号〕。軽度の聴覚障害についても，学校生活を送る上で支障をきたすことが多い。このような見地から，就学時および定期健診に伴う選別聴力検査は，耳鼻咽喉科健診の中で最も重視されている項目である。
　伝音難聴である滲出性中耳炎の増加を考慮して，多発する低学年児童においてはできるだけ全員に検査を徹底すべきであろう。

III　オージオメータについて

　オージオメータは日本工業規格（JIS）により仕様が定められ，昭和57（1982）年に規格が改正されている。古いオージオメータは使わないほうがよい。また，オージオメータは頻繁に使用すると精度に狂いが生じる。JIS規格に合っているか，定期的に専門業者による校正が必要である。
　複数受話器で2人以上を同時に検査することは，誤った結果をきたしやすいので避けるべきである。

IV　検査の手技

　児童生徒は1,000Hz・30dB，4,000Hz・25dBで選別を行う。
　検査は聞こえのよい耳から始めるが，不明のときは右耳から開始するとよい。次いで受話器が被検者の耳に密着しているかを確認する。まず1,000Hz・30dB音を聞かせ，応答が不明確なときには断続器を用いて確認する。明確な応答が得られたら4,000Hz・25dBに移る。この際，目盛ダイヤルを25dBに絞りこむことを忘れてはならない。
　応答は，応答ボタンまたは手指による合図で行わせ，応答が不確実なときは断続器を使用する。応答を確認するために被検者への問い掛けをむやみに行うようなことは，極力避けるべきである。なお，断続器の中には，音を断続するたびに雑音（クリック音）を出すことがあるので，被検者が検査音と誤って応答しやすい。校正が行われていても検査前の点検は一応行ったほうがよい。

1．検査学年
　全学年に行われることが望ましいが，小学4，6年生，中学2年生は省略できる。

2．難聴疑い再検査
　検査の結果，難聴が疑われた者については，次の要領で検査を進める。まず1,000Hzで十分に聞こえる強さの音を聞かせた後，音を次第に弱めて，まったく聞こえなくなった時点から再び音を強めていき，初めて応答のあったdB値（b）を記録する。このようにして2,000Hz（c），

第3章 健康診断

4,000Hz（d）を検査し，次いで1,000HzでのdB値を再度確認した後に500Hz（a）を検査する。

3．再検査の留意点

再検査ではまったく聞こえない点から音量を次第に強めて，初めて聞こえた点（域値）を決めることが重要である。このように，音を弱→強へ強めて域値を決める方法を上昇法という。逆に，聞こえる点から音を弱めて域値を決める方法を下降法としているが，上昇法とでは域値が異なりやすい。上昇法による域値測定が正しい手技である。

4．平均聴力の算出

（a＋2b＋c）／4が平均聴力dBとなる。たとえば500Hz・30dB，1,000Hz・40dB，2,000Hz・50dB，4,000Hz・50dBの聴力のものは（30＋40×2＋50）／4＝40dBであるから，この例の平均聴力は40dBである。

平均聴力レベルは前記のように健康診断票の聴力の欄に記入し，4,000HzでのdB値dは（50dB）のように括弧書きして同じ欄内に記入する。

Ⅴ　事後措置

聴力検査の結果，異常が発見されたら，すみやかに専門医療機関を受診して精密検査を受け，異常の有無および程度を確認しなければならない。

各科いずれも受診勧告書は発行されているが，難聴疑いの場合には選別聴力検査の結果を併記して，さらに学校医の意見，教育上の配慮などを記入する備考欄のある，別の勧告書があれば有用である。難聴が疑われる場合には，これを曖昧に放置することは決して許されるべきことではない。治療あるいは教育上の配慮へ対応が迫られているからである。

Ⅵ　難聴をきたす主な疾患

伝音難聴では，最近急増している滲出性中耳炎が注目される。鼓膜穿孔のある慢性中耳炎は水泳の時期の前に健診でぜひとも検出する必要がある。感音難聴では，流行性耳下腺炎をはじめとする向神経ウイルスの感染による一側性難聴，音響外傷の強大音による難聴，心因性難聴などが注意を要する。

Ⅶ　幼児の聴力検査

就学前の幼児（4～5歳児）は，原則として児童の選別聴力検査に準じてスクリーニングすることは可能であるが，幼児用簡易式のオージオメータとして，ウォーブルトーンを備えた器械があり，幼児のスクリーニング用として有用である。さらに詳細に検査するには，遊戯聴力検査（play audiometry）としてpeep show test，数遊び法（barr法）などが一般的であり，他覚的には聴性脳幹反応（ABR），耳音響放射（OAE）などがあるが，集団検診の場では不可能である。

眼の疾患

三宅　謙作
（日本眼科医会副会長）

眼科学校保健健康診断時に注意すべき疾病および異常について，日本眼科医会学校保健部平成13（2001）年発行の眼科学校保健ガイドライン[1]より引用する。

Ⅰ　伝染性眼疾患

現在の学校領域で，学校内感染症で最も注意すべきものはウイルス性結膜炎である。ウイルス性結膜炎は感染力が強くしばしば集団発生し，学校内，家庭内，職場内と社会全体を巻き込み大流行となることがある。現在，これらのウイルス性疾患に対する有効な治療法がないの

で，感染予防が対策の主眼になり，流行性角結膜炎などの伝染性結膜炎は，学校保健法施行規則第20条によって出席停止をさせることになっている。出席停止の期間は原則として，咽頭結膜熱は主要症状が消退した後2日経過するまで，流行性角結膜炎，急性出血性結膜炎は病状により学校医その他の医師において，伝染のおそれがないと認めるまでとなっている。

II　アレルギー性結膜炎

花粉，薬物，塵（ダニ）などの異物（抗原）が体に入ると，これに過敏な人は抗体を体内につくる。抗体ができた後，再び抗原が入ってくると体にさまざまなアレルギー症状を起こし，眼ではアレルギー性結膜炎を起こす。

主要症状は不快感やかゆみ，痛みや涙，目やにが出るようになる。眼科専門医の治療を指示し，プールに入る時などはゴーグルなどをつけることを勧める。

III　屈折異常

屈折正常（正視）とは，無調節状態で並行光線が網膜の上で正しく焦点を結ぶ状態をいう。これに対し正しく焦点を結ばないのが屈折異常で，遠視，近視，乱視の3種類がある。遠視は並行光線が網膜より後に焦点を結ぶ状態，近視は無調節状態で並行光線が網膜の前で焦点を結ぶ状態，乱視は並行光線がどこにも像を結ばない状態である。このほかに不同視があり，左右眼の目の屈折度の違うものを指す。

IV　色覚異常

正常な色覚を持った人は，眼に映る全ての色を赤，緑，青の3原色の組み合わせとして感じる。これは，人の網膜が色を感じる錐体と呼ばれる視細胞の中に赤，緑，青のそれぞれの色を感じる3種類の錐体細胞があるからである。色覚異常はこの3種の錐体のいずれか，または全ての機能が先天，後天的な欠落またはさまざまな程度の異常を生じた状態である。

学校の色覚検査は，学習に支障が生じる色覚異常があるかどうか，色彩に関する学習に配慮が必要であるかを知る目的で行われた。平成14（2002）年3月29日の官報にて，定期健康診断の必須項目から色覚検査の削除が通達され，平成15（2003）年4月から実施された。これに伴う混乱が現場にみられるため，日本医師会は日本眼科医会の協力を得て，色覚マニュアル「2003年度版」を平成15年12月に日本医師会雑誌の付録として出版した。

V　眼位異常

眼位異常を一括して斜視という。斜視は，自分が見ようとする目標に両眼が同時に動かず，片眼は目標に，他の目は目標以外の方向を向いているものをいう。両眼の視線が前方で交差するものを内斜視，視線が後方で交差するものを外斜視という。また視線が上下にずれているものを上斜視という。

VI　その他の疾患

1．結膜炎

伝染性結膜炎以外に，光化学スモッグ，塩素などの化学的刺激や，紫外線をはじめとするさまざまな物理的刺激によって結膜炎を引き起こす。運動会の翌日に目が赤くなったなどは，紫外線による結膜炎である。

2．麦粒腫

麦粒腫は，主にブドウ球菌等による急性化膿性炎症である。まぶたが赤く腫れ，痛みがある。抗生物質の点眼，薬物療法が必要である。

3．眼瞼内反睫毛乱生

睫毛が内側に向いて生えたり，生える向きが乱れて角膜を擦るようになり，異物感を感じ，涙を流す状態をいう。

4．眼瞼下垂

瞼が下がったまま上がらない，または上がりにくい状態をいう．片眼両眼のものがある．

5．霰粒腫

マイボーム腺という眼瞼結膜の下にある分泌腺がつまってそのまわりに慢性の炎症を起こし，瞼の中に固いしこりができた状態をいう．

6．その他

まれな疾患として網膜疾患，白内障，緑内障などがみられる．心因性障害として家庭環境，社会環境の変化によって心理的ストレスに耐えられない子どもが現れ，視力異常，小視，後退視，色視，変視などの症状が起こる．

以上，学校保健に関係の深い眼疾患を簡単にながめてみたが，近年，学童を取り巻く社会環境の変化から，コンタクトレンズによる眼障害，性感染症に関連する合併症，家庭内暴力等に関連する眼外傷，テレビゲームなどVDT（Visual Display Terminal）に関連する眼精疲労など，低頻度ながら注意すべき新しい症候も出現している．

［文献］
1) 日本眼科医会学校保健部：眼科学校保健の手引．日本眼科医会，東京，2001．

耳鼻咽喉頭疾患

神田　敬
（日本耳鼻咽喉科学会）

学校健診で対象となる耳鼻咽喉科の主な疾患とその判定基準は以下の通りである．

I　耳

1. 耳垢栓塞：耳垢栓塞はもとより，耳垢のため鼓膜の視診が困難なものを含む．
2. 慢性中耳炎：耳漏および鼓膜穿孔を認めるもの．耳漏のない鼓膜穿孔を含む．
3. 滲出性中耳炎：青色鼓膜，液線など滲出液貯留の明らかなもの．強度の鼓膜陥没および鼓膜癒着の疑いのあるものを含む．
4. ※難聴の疑い：選別聴力検査で異常のあるもの．アンケート調査その他で難聴，耳鳴などの訴えのあるもの．

※4の中には1～3の伝音難聴のほかに，感音難聴と心因性難聴（機能性難聴）に留意する必要がある．特に，補聴器装用の必要となる中等度以上の感音難聴のスクリーニングに注意する．ほか，学校保健上問題となる感音難聴は，一側性難聴と急性感音難聴（ロックコンサート難聴あるいはディスコ難聴）である．心因性難聴はこころの問題として配慮する必要があり，そのほとんどが学校健診でスクリーニングされるため，特に注意すべきである．

II　鼻

1. 副鼻腔炎：中鼻道，嗅裂に粘膿性分泌物を認めるなど，一見してその所見の明らかなもの．鼻茸を含む．
2. アレルギー性鼻炎：粘膜の蒼白腫脹，水様鼻汁などでの他覚的所見の明らかなもの．くしゃみ，鼻閉などの自覚症状，喘息，アトピー性皮膚炎などのアレルギー性疾患の合併を参考にする．
3. 鼻中隔弯曲症：弯曲が強度で，鼻呼吸障害および他の鼻疾患の原因になると思われるもの．
4. 慢性鼻炎：上記疾患以外で，鼻呼吸障害が著明と思われるもの．

III　咽頭および喉頭

1. ※アデノイド：疑いの濃厚なものは鼻呼

吸障害，いびきおよび特有な顔貌，態度に注意する。
2. ※扁桃肥大：高度の肥大のために，呼吸，嚥下の障害をきたすおそれのあるもので，慢性炎症所見の少ないもの。
3. 扁桃炎：他覚的に明らかに慢性炎症所見のあるもの。習慣性扁桃炎，病巣感染源と思われるもの。その他口蓋扁桃に著しい異常の認められるものを含む。
4. ※音声異常：嗄声，変声障害，鼻声などに注意する。
5. ※言語異常：言語発達遅滞，構音障害および吃音などに注意する。

※1，2について，いびき，睡眠時無呼吸の原因として，アデノイド，扁桃肥大が関与することに留意する必要がある。

4，5について，音声言語異常はコミュニケーション障害としてスクリーニングに特に配慮するべきである。

Ⅳ 口腔

唇裂，口蓋裂およびその他の口腔の慢性疾患に注意する。

Ⅴ その他

車酔い，起立性調節障害(O.D.)は学校生活の中で注意すべき疾患で，予防法を健康教育の面で児童・生徒に熟知させる必要がある。

皮膚疾患

五十嵐俊弥
（五十嵐皮膚科医院）

これからの学校保健では，身体のみならず，心の健康，成人病も含めた総合的健康づくり，健康管理に重点が置かれつつあり，この意味での皮膚病変のとらえ方も重要となる。皮膚は人体の中で最も重要な器官の一つといわれている。特に内科疾患との因果関係には最も関連性が深く，皮膚の状態から内臓疾患，全身性疾患の早期発見，予後の判断，病状の推移の把握などの判断資料として極めて重要な指標となる場合が多く見受けられる。難治性のアトピー性皮膚炎その他の皮膚疾患，稀であるが生命に関わる皮膚疾患，遺伝性・奇形性の皮膚疾患もあり軽視できない。

皮膚科専門医による皮膚科健診では皮膚疾患保有率は極めて高率であり，保健管理の上でもゆるがせにできなくなっている。したがって，皮膚科疾患を児童，生徒，保護者に対してしっかり認識させることは，健康づくりのための事前教育として大切である。もちろん学級担任，養護教諭，学校長，皮膚科専門担当医との密接な連携が常に必要である。

皮膚疾患健康診断をどのようにして行っていったらよいかについて具体的に説明する。

Ⅰ 目的

幼児，小・中学生，高校生を主たる対象として，皮膚疾患保有者を見いだし，健康管理・指導・治療推進を図るとともに，全員を対象とした，視覚を通しての健康づくり教育を行う。

Ⅱ 定期健康診断時期

新学期に入ってから間もなく，通常は4月から6月にかけて行う。小・中学1年生は全員を対象とし，中学2〜3年生は前年度の要治療・要指導・要観察者を中心に，また新たに皮膚病変の出現した者，皮膚科健康診断を特に希望する者について行う（将来的には全児童，全生徒を対象にできれば理想的であるが，現状では皮膚科専門医が少ないため，全員実施は困難である）。

Ⅲ　健康診断の手順

1．事前事項
　家庭および本人に健康診断の目的と意義について「お知らせ」の配布などで周知徹底させるとともに，皮膚疾患の有無や家族内アレルギーの存在，本人の病歴，家族からの皮膚疾患に対する質問や要望などを所定の「皮膚科予診票」に記入して提出してもらう（担任教諭および養護教諭担当）。

2．一次健診
　「皮膚科予診票」を回収し，特に健康上問題ある点についてチェックし，精密健診に備える。小学校は1年生全員，中学校は1年生全員と2〜3年生における精密健診の必要のある者を選んでおく。

3．精密健診
　皮膚科精密健診は皮膚科校医が行うが，養護教諭・担任教諭はあらかじめ児童・生徒に健診日時・場所・服装を通知し，記入した「予診票」を各人に持たせて受診させる。健診時は男女別々にし，服装はできるだけ全身の診察が可能なように留意し，特に友人に見せたくない病変のある場合には単独で診察できるような特別の配慮をする。
　皮膚科校医はあらかじめ決められた基準に沿って（皮膚・爪・頭髪の疾病および異常の有無を健診するのに，両手のひら―身体の前面―身体の後面―両足底の順に診察することが多い）皮膚科的健診検査を行い，「予診票」の校医記入欄に病名（必要に応じ部位も）を記入する。家庭からの要望・質問欄に記入がある場合は，これに回答（口答または文書）する。また，全身疾患・心身症などとの関連も念頭において診断し，必要があれば指示する。
　養護教諭または担任教諭は，診察の前にあらかじめ背中に皮膚抽記（蕁麻疹の診断のため）をしておく。
　健診直後，皮膚科校医は健診結果の概要を校長および養護教諭に伝え，特別な指示を要する者については指示しておく。

4．健診結果
　養護教諭は皮膚科校医により記入された病名および管理区分（例：①要治療　②要管理指導　③要観察　④健康）を記帳管理し，要治療者にはすみやかに通知する。
　皮膚科校医は担当校の統計資料を持ち寄り，小学校は毎年，中学校はほぼ3年に1回，地区全体の統計を作成し，関連各機関（市学校保健会，市医師会，各学校）に報告する。

5．事後処置
　疾病・異常があった者に対して「事後処置票」を配布する。該当者にはすみやかに受診治療をすすめさせ，夏季水泳が開始される前に水泳の可否の返事を主治医より証明していただき，学校へ提出させる。結果は皮膚科校医に文書で報告する。

　皮膚病は，放置しておいても季節により治ったように見えることもあるが，また悪くなることも少なからずある。また1，2回の受診（治療）で中止してしまうと，放置しておいたときと同じ状態に戻ることもあり，そのため根気強く治療するよう指導することが大切である。したがって受診をすすめるに当たり，完治するまで治療を継続することが大切であることをしっかり認識させなければならない。
　最後に「皮膚科の健診は単なる検診ではなく，皮膚を通しての健康づくりをもめざしたものである。皮膚疾患は単に皮膚表面の異常にとどまらず，内部疾患の表現である場合や，環境異常の表現であることも多い。皮膚疾患は眼で確認できるため，自己健康管理の大きな指標となる。皮膚を通して自分の健康をまもる習慣をつけることは，義務教育中に必ず履修する必要がある。早期受診は多面的健康教育の一端である」ことを強調したい。

[文献]
1) 五十嵐俊弥：シンポジウム・学校保健にかかわる専門相談医のあり方　皮膚科医の立場から．日本医師会雑誌　2003；130（4）：553-558.
2) 前橋市教育委員会・前橋市学校保健会編：皮膚科学校保健管理の手引き．2002（平成14）年版

歯および口腔

赤坂　守人
（日本大学歯学部小児歯学教授）

過去の学校歯科保健は，児童生徒に多発するむし歯（う歯）に対応して歴史を重ねてきたともいえる。そのため，むし歯に対する「保健管理」が強調された時代もあり，また「保健教育」が重視された時代もあった。

わが国における児童生徒のむし歯罹患のピークは1970年代であって，この時代は子どものむし歯に対し社会的な関心がみられなかったこと，また歯科医療機関も子どもの治療に十分対応しなかったこともあって，学校での歯科保健活動ならびに歯科健康診断は，保健管理を重視してむし歯の早期発見に努め，治療勧告を行うことを主な目的として，保健教育は重視されてこなかった。平成6（1994）年の学校保健法施行規則改正により，従来の疾病の早期発見および治療勧告の時代から，健康づくりをめざした健康志向時代の学校健康診断のあり方が示されるようになり，学校歯科保健活動および歯科健診内容も変わった。特に歯科健診の内容は，健診後の保健指導や定期的観察などの事後措置に重要な意義を持ち，さらに歯と口の健康づくりの保健教育と密接な関係を取るように配慮されている。

I　新たに導入された診査項目

学校歯科健康診断は，スクリーニング検診であることを改めて明確にし，従来のむし歯の診査では，臨床診断のような進行度分類を行っていたが，これが除外された。また，小児の口腔疾患の変化，口腔環境の改善，医療要求の多様化など時代の変化に応じて，新しい診査項目が加わった。最も重要で特色なことは，CO（要観察歯：Questionable caries under observation）およびGO（歯周疾患要観察者：Gingivitis under observation）の導入である。さらに今回の改正では，歯列，咬合，顎関節の診査などが新たに加わった。特に歯列・咬合，顎関節の診査は，これらの異常や症状を訴える児童生徒が増加していることと，また社会的な関心が高まってきていることから，その対応が必要になってくると考えられる。さらにこれらの診査を行う目的は，児童生徒が学習など学校生活を送るにあたって，咀嚼や発語などの機能障害，あるいは心理的な障害の誘因になっていないかなどを配慮するため，またむし歯や歯周疾患の誘因になることが多いため，学校での保健管理，保健教育の一層の対応を期待するためでもある。

II　むし歯について

近年，児童生徒の口腔内環境はかなり改善されてきている。そのため，むし歯罹患は減少し，軽症化しているが，依然として先進諸国の中では高いレベルにある。特にわが国のむし歯経験歯は未処置より処置歯が占める割合が高くなっており，このような状況下では保健教育や予防が十分行われないと，再治療を繰り返すことで，結果的に早く歯を失うことになる。

むし歯の診査は照明下での視診により，明らかにう窩のあるものをう歯（C：要精検）とし，う歯の疑いあるものをCOとしている。COとは，現在むし歯とは認められないが健全な状態とは異なっていて，口腔環境が悪いとむし歯に進行しやすい状態のことである。所見としては，歯質の脱灰が疑われる白濁，褐色斑などの色調の変化を認める。COは，児童生徒に適切な保健指導を行うことで初期状態のむし歯の進行抑制

を図ろうとするもので，COの管理を通じて生活習慣を見直し，自分の健康は自分で守る意欲を育てる契機となり，また児童生徒が鏡を使用すると直接眼で確認することができるため，健康教育の教材としても有効である。

　むし歯の発生・進行抑制は，甘味の糖質を含む間食類・飲料類の摂取を抑制するか，あるいは規則的に飲食することにあり，また食後あるいは就寝前の歯ブラシによる刷掃を励行することにある。すなわち，児童生徒の日常の生活習慣と深い関係がある。そこで，事後措置として食生活指導，刷掃指導などの正しい生活習慣などの保健教育が重要である。近年，国際的にもむし歯予防はフッ素化合物の応用が最も効果的であるとされており，学校保健活動ではフッ素配合歯磨剤の使用を推奨し，さらに学校，父母の同意が得られるならば児童生徒のフッ素洗口を行うことが勧められる。

Ⅲ　歯周疾患について

　歯を失う最大の原因は，歯周疾患である。特に歯周炎は，歯を支えている歯槽骨が病的に吸収を起こすため，歯の喪失と関係する。この歯周炎の発病時期が低年齢化している。その原因として考えられることは，歯の汚れと不正咬合である。特に近年，食物が全体に軟食となり，硬い食べ物をよく噛まなくなったために歯が汚れ，歯肉炎が増悪して歯周炎の発病時期が早まってきている。したがって，小学校高学年から中学生にかけて，特に歯肉の診査およびGOの要観察児に対する学校での保健指導が重要である。

　GO：歯肉に軽度の炎症症状が認められるが歯石沈着は認められず，注意深いブラッシングを行うことによって症状が消退するような歯肉の状態を有する者である。事後措置としては，学校での保健指導により，磨き残しのないブラッシング指導を行う。また，生活リズムの乱れ，健康状態や疲労の蓄積，甘味飲食物の摂取について注意を行う。

Ⅳ　「安全教育」と歯・口腔の外傷

　小児の事故，けがの増加に関係して，さらに近年では球技スポーツが盛んになるにしたがい，児童生徒の顔面・口腔・歯の外傷が増えてきている。外傷による歯の予後が良好か否か（歯髄死か歯の脱落）は，受傷直後の対応次第で決定されるため，学校関係者には日ごろから児童生徒の受傷時の対応法，あるいは医療機関との連携などの指導が必要である。また，スポーツによる歯の外傷を予防するためには，特にコンタクトスポーツ時にはマウスガード，プロテクターなどを常に装着するよう学校関係者，スポーツコーチ，保護者への啓発と児童生徒への保健教育が必要である。

Ⅴ　摂食機能育成のための保健教育

　従来の学校歯科保健における保健教育は，むし歯，歯周疾患など健康診断の事後措置のために行われてきており，歯科保健教育はそれなりの成果をあげてきた。現在，歯科保健医療の目標として，8020運動（80歳で20歯以上の歯を残す）が提唱されている。これは，健全に歯を残すことは，高齢者に限らず各ライフステージのQOLにとって重要な口の機能，特に食物を「咀嚼する」，「嚥下する」などの摂食機能を豊かに営むために不可欠であることを示し，同時に，生涯にわたる歯と口の健康づくりの目標を具体的に示したものである。この運動を達成するには，歯を失う大半の原因とされるむし歯，歯周病の発病時期にあたる児童・生徒期に，学校保健活動による保健教育，保健管理が重要な意義を有することはいうまでもない。

　一方，平成7（1995）年度，日本学校保健会口腔機能委員会は，児童・生徒を対象に食物の食べ方に関する調査を行ったところ，咀嚼するなど口の機能を十分に生かした，豊かな食生活が営まれているとはいえない実態が明らかにされて

いる．食の行動，食べ方と口腔機能の発達とは深い関係にある．この機能の発達期にある児童生徒に対し，咀嚼と食生活とのかかわりについて保健教育を行うことは，最も適当な時期である．また，口腔の機能を育成する食環境を考えることは，単に児童生徒に限らず，すべての年齢に，そしてあらゆる健康問題に共通する問題を含んでいるため，家庭，地域と連携する学校保健という立場からも適した課題と考えられよう．今後，学校歯科医，学校関係者，家庭，地域社会は，幼児児童生徒が豊かな食生活を営むために，食べる行動，食べる機能についての保健学習および保健指導が必要になってこよう．

Ⅵ 生活習慣を重視した学校歯科保健教育

幼児児童生徒の健康課題の一つは生活習慣病であり，成人の生活習慣病の予備軍がすでにこの時期にみられる．このような生活習慣病の若年化は，都市型生活が進んでいる現代の児童生徒のライフスタイルに深く関係している．子どもと大人の生活の境がなくなり，大人の生活の中に子どもが引きずりこまれている．それによって食生活の乱れ，運動不足，夜型生活などが子どもの肥満を生み，生活習慣病に移行しやすい．今後，児童生徒の健康教育にかかわる各領域は，「食」，「生活習慣」を主軸に展開していくことが課題になる．この点では，依然として学校歯科保健の課題の一つでもあるむし歯，歯周病は生活習慣病ともいわれ，児童生徒の食を中心にした生活習慣との関係が深い．そこで，学校での保健教育の一翼を担う学校関係者は，児童生徒の生活習慣の実態，生活習慣と口腔の疾病および口腔機能の発達との関係などを知っておくことが必要である．

[文献]
1) 日本学校保健会編：児童生徒の健康診断マニュアル．日本学校保健会，東京，1995．
2) 日本学校歯科医会編：学校歯科医の活動指針．日本学校歯科医会，東京，1996．
3) 安井利一，他編：学校歯科保健の基礎と応用．医歯薬出版，東京，2001．
4) 赤坂守人：歯科検診．保健の科学 2002；44：697-702．

結核

横田　俊平
(横浜市立大学大学院医学研究科
発生成育小児医療学教授)

結核は，世界で毎年600万～800万人の新規活動性患者が発生し，年間20万～30万人が死亡している人類最大の感染症である．結核菌の主要な標的臓器は呼吸器であり，活動性結核患者は喀痰の排泄により周囲の感受性者に結核菌感染を拡大していく．わが国でも，第二次世界大戦後一貫して減少していた活動性患者数が再び増加傾向に転じ，「再興感染症」との認識が行われるとともに，平成10(1998)年に厚生省(当時)は「結核緊急事態宣言」を発令して結核に対する取り組みを強化し，一般の結核に対する認識を高めようとしている．

ところで，わが国の15歳以下の小児が罹患する結核は，新規登録患者数が年間約300人と決して多くはない．しかし小児期の結核は，乳幼児が約75％を占めること，乳幼児では結核性髄膜炎，粟粒結核など死に直結する病態を呈する例があること，小学生以降の小児は学校という固定化された集団生活の中で常に集団感染の危険にさらされていること，などの特徴を有している．

現行の結核の予防対策や治療法は，結核の蔓延時代に立てられたものであり，社会状況の変化した現在，小児結核に対して新しい戦略を打ち立てるべき時代になったと思われる．このような背景の下で，平成15(2003)年4月より新しい結核予防対策が実施されるようになった．学校保健の中で新しい対策の意義，実施上の問題点などについて考えたい．

Ⅰ　小児結核の特徴

1．感染様式

　結核の小児例のうち，小学生以降の小児が占める割合は約25％である。乳幼児の感染源の90％以上が父母や祖父母など近親者による家族内感染であるのに対して，学童や生徒の感染源は不明のことが多く，成人と同様の内因性再燃が原因であることをうかがわせる。

2．結核免疫と病型

　小児期に発症する結核は，年齢により病型が異なる特徴がある（表1）。乳幼児期には，非空洞形成性の肺炎様所見（浸潤像）を呈する「不安定非空洞型結核」，急速に進行する「播種型結核」，および腫瘤を形成する「結核腫型結核」がある。他方，学童や生徒では，浸潤像の所見を呈する「不安定非空洞型結核」のほかに，成人と同様の「空洞形成型結核」の病型はとるが，播種型結核はない。両者の病型の相違は，結核菌に対する免疫応答性の差異により説明される。すなわち結核の病態は，単に結核菌の浸潤により形成されるのではなく，結核免疫の反応が加わりもたらされるものである。

　小学生以降に認められる「成人型結核」は，結核菌感作が十分成立している個体に生じる病型である。多くは幼少期に感染した結核菌の内因性再燃による。肺内に播種した結核菌が病巣を形成し，この病巣に対するT細胞，マクロファージによる炎症反応により肺組織が壊死に陥り（乾酪壊死），やがて気管支の破壊に進展して喀痰中に結核菌を含む壊死組織が排出されるため，喀痰検鏡により結核菌が検出される。また，壊死物質が喀出された跡は，胸部X線検査で空洞として描出される。

　集団感染のように気道を通じて多量の結核菌が入り込んだ場合，結核菌は肺内に多数の病巣を形成するが，この場合も結核菌に感作された状態の個体として，感作リンパ球やマクロファージが内因性再燃と同様に病巣に集族するため「空洞形成型結核」になる。

　一方，乳幼児ではBCG未接種児と既接種児とで結核感染の様相には違いがみられる。発症数は少ないとはいえ，乳幼児では「播種型結核」が特徴で，臨床的には結核性髄膜炎，粟粒結核となるが，この病型はBCG未接種例に起こる。浸潤型や結核腫型はBCG接種例にも認められるが，未接種例に多い。感作量が少なく感作期間も短いため，抗結核免疫の発動が少なくまた遅れるからであると推定できる。

Ⅱ　ツベルクリン反応とBCG

1．ツベルクリン反応

　ツベルクリン反応は，結核菌感染後に成立する免疫獲得を，ツベルクリン反応液（PPDs）を用いて皮内反応にて検出する方法である。わが国では発赤径を判定に用いているが，諸外国では硬結径を用いることが一般的である。発赤部の長径が10mm未満を陰性，10mm以上を陽性とする。また，発赤と硬結のほかに，反応局所には二重発赤，水疱，壊死などの副反応を伴うことがある（強陽性）。ツベルクリン反応陽性は結核菌による感作を示しており，結核の発症を意味するものではない。また，一度陽性となったツベルクリン反応は原則として一生継続するものであり，抗結核治療の効果をツベルクリン反応でみることはできない。しかし，新たな結核菌の感染を受けるとツベルクリン反応は強く反応するようになることから，また他に適切な診断

表1　小児期の乳幼児型結核と成人型結核の臨床的相違

病　型	年　齢	臨　床　診　断
乳幼児型結核	0～6歳	播種型結核（結核性髄膜炎，粟粒結核） 非空洞性浸潤型結核 非空洞性結核腫型結核
成人型	7歳以降	非空洞性浸潤型結核 空洞形成型結核

表2　問診票

	保護者の方々にお願い		
	子どもたちが楽しく意義ある学校生活を送るには，健康に気をつけなければなりません．結核についての健康管理は大切であり，学校においては定期健康診断の中で実施していきます．この問診調査は結核に関する健康診断が正しく行われるために是非必要ですので，保護者の方々の正確なご記入をお願いします．なお，この問診調査は定期健康診断の結核に関する健康診断以外には使用されません．　　　　　学校長		
	記入上の注意：各質問の該当する空欄に○を記入してください．		
	記入日　　年　　月　　日　　　　　　　学校　　　年　　組　　番　氏名		
	調査内容	どちらかに○をつけてください	
質問1	このお子様が，いままでに結核性の病気(例，肺浸潤，胸膜炎またはろくまく炎，頸部リンパ腺結核)にかかったことがありますか？	はい　　年　月　頃	いいえ
質問2	このお子様が，いままでに結核に感染を受けたとして予防のお薬を飲んだことがありますか？	はい　　年　月　頃	いいえ
質問3	このお子様が，生まれてから家族や同居人で結核にかかった人がいますか？	はい　　年　月　頃	いいえ
質問4	このお子様が，過去3年以内に通算して半年以上，外国に住んでいたことがありますか？	はい	いいえ
補問	※　質問4で「はい」と答えた方へ		
4-1	それはどこの国ですか？		
質問5	このお子様は，この2週間以上「せき」や「たん」が続いていますか？	はい	いいえ
補問	※　質問5で「はい」と答えた方へ		
5-1	このお子様は，その「せき」や「たん」で医療機関において，治療や検査を受けていますか？	はい	いいえ
5-2	このお子様は，ぜんそく，ぜんそく性気管支炎などといわれていますか？	はい	いいえ
質問6	このお子様は，いままでBCGの接種(スタンプ式の予防接種)を受けたことがありますか？	はい	いいえ
補問	※　質問6で「いいえ」と答えた方へ		
6-1	それはどうしてですか？	ツベルクリン反応検査が陽性だったため	その他の理由で

（文部科学省スポーツ・青少年局：定期健康診断における結核健診マニュアル．平成14(2002)年12月26日より引用）

方法がないこともあり，現在でも結核の代表的な診断技法として用いられている．

ツベルクリン反応は，BCG接種の既往がある限り陽性となるが，接種後10～20年経過すると減弱し，陰性を示すことがある．しかし，1週間後に再びツベルクリン反応を行うと，減弱した記憶を呼び戻し陽性反応を得ることがある．このような現象を利用して「真の陰性者」を選別する方法を「二段階ツベルクリン検査法」と呼ぶ．

結核を発症しているにもかかわらず，ツベルクリン反応が陰性を示す場合がある．これを「アネルギー」と呼ぶ．重症結核の極期(粟粒結核，結核性髄膜炎，結核性胸膜炎など)，麻疹の罹患時～約1ヵ月間，ステロイド薬や免疫抑制薬による二次性免疫不全状態などが知られている．なお結核菌の感染後ツベルクリン反応が陽性となるまでに8～10週間を要するので，こ

の間のツベルクリン反応は陰性となる。

2．BCG接種

BCG接種の問題点は，乳幼児への接種は播種型結核に対し著しい予防効果があるが，成人型結核に対しその効果が一致していないことにある。また，開発途上国では全域的なBCGの普及が図られつつあるのに対し，欧米ではむしろhigh risk地域に限定的な使用を推奨する方向にある。しかし例外的に推奨されるのは，ツベルクリン反応が陰性の小児に対してであり，その小児も実際は通常の健康管理が行き届かない小児や，健康管理が宗教上受け入れられていない集団の小児などに限られている。

III ツベルクリン反応とBCG接種の法令改正

結核予防法は昭和26(1951)年に改正されたが，当時は結核の蔓延状態であり，結核の届出率は人口10万人に対し700人であった。その後50年間に社会状況は大きく変化し，現在結核の罹患率(人口10万人に対する新規登録患者数)は27.9〔平成14(2002)年〕となった。また，小・中学校1年生のツベルクリン反応は患者発見率がきわめて低いこと(中学1年生のツベルクリン反応は約128万人に実施し，このうち結核患者として発見されたのは13人)，ツベルクリン反応の結果予測される人数を大幅に上回る人数に精密検査・予防内服が行われていたこと(中学1年生のツベルクリン反応陽性者は約7万人，直接撮影者は約7万人)などの状況を背景に，平成15(2003)年4月より小・中学校1年生のツベルクリン反応・BCG接種は廃止された。今後は学校においては健康診断時に「問診表」(表2)から結核の可能性を推定し，マニュアルにしたがい結核対策委員会において精密検査対象者を選定することになる。他方，乳幼児のBCG接種は結核予防効果が大きいことが再認識され今後も推奨されることになったが，近い将来ツベルクリン反応は行わずにBCG接種のみを行う方向へ移行する予定である。

学童・生徒のツベルクリン反応とBCG接種が法改正により廃止されることになった。しかし，これまで十数名であれ健康診断時のツベルクリン反応から結核患者が発見されていたことも事実であり，今後小学校や中学校においてこの子どもたちを発生源とした集団感染が生じることが最も危惧されている。表2に掲げた「問診表」では，感染源としての患者を検出することは実際上不可能である。学校医の「結核かも知れない」という認識が今ほど求められていることはない。

[文献]
1) 横田俊平，他：小児結核の最近の話題—BCG接種の評価—．小児科　2001；42：2046-2052.
2) 森　雅亮，他：最近10年間の当科における小児結核例の検討．感染症学誌　1994；68：887-893.
3) 伊部正明，他：当科における過去20年間の小児結核症入院例の臨床的検討．感染症学誌 1997；71：513-520.
4) 伊部正明，中島章子，宮前多佳子，他：乳幼児肺結核では，なぜ排菌例が少ないのか．感染症学雑誌　2000；74：245-249.
5) 片倉茂樹，今川智之，伊藤秀一，他：胸部単純X線写真ではなく，胸部CTスキャンにて診断された小児肺結核症．感染症学雑誌　1999；73：130-137.
6) 横田俊平，他：結核菌感染と生体防御系．小児内科　1998；30：613-618.

心臓疾患

柳川　幸重
(帝京大学医学部小児科学教授)

I 心臓検診における学校医の役割

定期健康診断は，児童生徒の健康管理的側面だけでなく，子どもの生涯にわたっての健康な生活をめざして行う教育活動でもある。心臓疾患は，外見のみではその存在すら予想できない

ことが多く，症状が出現してきたときに診断の遅れが悔やまれることもある。心臓検診における学校医は，まだ症状の出現していない心臓疾患を診断することを通じて，学童に生涯を通じて健康で安全な生活を送らせるための極めて大切な役割を果たしている。

II 心臓検診における聴診

心臓検診における診断手段としては，主として心電図と聴診（心音図での代用もある）が用いられているので，まず，聴診について述べる。

1．聴診する環境の整備

聴診する部屋はできるだけ静かな環境にする。学童は騒ぐものなので，聴診する部屋には，少人数ずつ入れるようにすることも役立つ。

2．聴診の実際

1) 聴診器の特性

ヒトの聴覚特性では，低調の音は見逃されやすい。その意味で，聴診器のベル型のほうを軽く押しつけて聴いたほうが低調音に気づきやすい。

2) 1音，2音の認識

1音は低調の音で心尖部でよく聴かれ，2音は高調の音で心基部（胸骨上部）でよく聴かれる（1音は僧帽弁・三尖弁の閉じる音，2音は大動脈弁・肺動脈弁の閉じる音）。
※ちょっとしたコツ：子どもでは正常な2音の呼吸性分裂が聴きやすい。この正常の2音分裂を認識する癖をつけておくと，固定性2音分裂に気づきやすい。

3) 心雑音の大きさ

4／6度の心雑音はスリル（猫喘）を触れるほどの強さなので，学童検診以前に気づかれていることが多い（心室中隔欠損，大動脈弁狭窄など）。検診現場で判定に悩むのは3／6度の音である。

3．無害性雑音の除外（表）

心臓の聴診における第一歩は，無害性雑音の除外診断である。

代表的な無害性雑音には，Still雑音（スティル雑音）と静脈コマ音（venous hum）がある。また，肺動脈血流音（ごく軽度の肺動脈狭窄もこれに含まれることがある）も無害性雑音の一つである。

Still雑音は，20世紀初頭の英国の医師George F Stillが最初に記載したことからこう呼ばれる，学校検診で遭遇することの多い無害性雑音の一つである。強さは3／6度にも達することがあり，胸骨左縁から心尖部にかけて聴取され，広くは伝搬しない。その音調は，比較的低調の楽音様（musical），弦を震わせるような（twanging string），振動性（vibratory）と形容される音であり，心音図では約100Hzの正弦波の形を示す。この雑音は，心拍出量が増加したときにめだつので，運動後，発熱時，貧血時，臥位での聴診をきっかけに気づかれることが多い。

静脈コマ音は，強さは3／6度に達することもある。2〜5歳で聴かれるとされるが，心臓検診でもよく遭遇する。前胸部鎖骨下部で連続性雑音として聴取され，左または右鎖骨下部に聴かれることが多い。成因は，頭部から流れて落ちてくる静脈血流が頸静脈と上大静脈の接合部において乱流を起こすこととされる。連続性雑音であるために，動脈管開存，動静脈吻合，甲状腺腫の雑音と間違われることがある。静脈コマ音は，臥位，または首を横に向けたときには，静脈血流速度が遅くなり雑音が消失するので容易に鑑別できる。

無害性肺動脈雑音（innocent pulmonary murmur）は，小学生から中学生にかけて聴かれやすく，胸郭変形のある場合は特に聴かれやすい。比較的低調な駆出型の収縮期雑音であり，3／6度に達することもあり，胸骨左縁第2肋間を最強点に聴かれ，両脇へも伝搬することがある。雑音の成因は，肺動脈へ流入した血流の乱流によるものとされている。この意味で，肺動脈弁狭窄と雑音の成因は同じであるが，収縮期クリックは聴かれない。軽症肺動脈弁狭窄として診断されることもあるが，無害性雑音とし

表　心雑音の鑑別

雑音の種類		音の特徴	主な聴取部位	参考所見	心電図
無害性雑音	Still雑音	弦を震わせるような収縮期雑音	胸骨左縁下部から心尖部	発熱時，運動後に増強	正常
	静脈コマ音	連続性雑音	鎖骨下部（右＞左）	首を横に向けること，および臥位で消失する	正常
	無害性肺動脈雑音	低調の収縮期雑音	胸骨左縁第2肋間	軽症肺動脈弁狭窄と診断されてもよい	正常
器質性雑音	心室中隔欠損	強い汎収縮期雑音	胸骨左縁第3,4肋間	小さなものでは，全く症状を示さない	正常から，左室肥大，両室肥大まで
	心房中隔欠損	低調の雑音	胸骨左縁第2肋間	学童期まで見逃されていることが多い 固定性2音分裂を示す	右軸偏位，右室肥大，V1でM字型QRS波
	肺動脈狭窄	低調の雑音	胸骨左縁第2肋間	学童期まで見逃されていることが多い 収縮期クリックが聴かれることが多い	正常から右室肥大まで
	大動脈狭窄	高調強勢な雑音	胸骨右縁第2肋間と左縁第3肋間（Erb領域）と頸部	運動時に突然死の危険がある	左室肥大，左室ストレイン
	大動脈縮窄	高調な雑音	背部肩甲骨の間	高血圧，股動脈触知不能	正常から左室肥大
雑音なし	肺高血圧症	強くパチンという第2音	胸骨左縁第2肋間	初期には無症状，突然死の危険	右室肥大，T波の変化
	肥厚型心筋症	閉塞性では収縮期雑音	胸骨右縁第2肋間と左縁第3肋間（Erb領域）	運動時に突然死の危険がある	左室肥大，T波の変化

て分類されることもある。実生活上は無害性雑音と同様であるので，ここに含めた。
※無害性雑音の音の特徴を学ぶためには，疑いのある患児を小児循環器専門医に紹介し，必要ならば心エコー診断も行ってもらい，その結果をフィードバックして学んでいくのが最もよい方法である。

Ⅲ　検診で注意すべき心疾患

　心臓検診の目的は，個別の疾患の診断ではない。しかしながら，一定の心疾患を想起していないと，聴診能力も発揮できない。心電図上で，心房中隔欠損は右軸偏位とＶ1で特徴的なＭ字型を示すこと，肺動脈狭窄では右室肥大を示すこと，大動脈狭窄・縮窄では左室肥大を示すことなども参考になるので，聴診時に心電図を参考にできる検診システムにしておくと役立つ。ここでは，心雑音から考えられる心疾患を以下に述べる。

1．3／6度以上の収縮期雑音

　心室中隔欠損（VSD），動脈管開存（PDA），大動脈狭窄（AS）などであるが，心疾患であることが明らかであるので悩むことは少ない。大動脈狭窄では運動時の突然死があり得るので，見逃さないようにしたい。大動脈狭窄では胸骨上窩にスリルを触れ，雑音は頸部へ伝搬することが特徴である。

2．2～3／6度程度の収縮期雑音

　心房中隔欠損（ASD），肺動脈狭窄（PS），大動脈縮窄（Coarc），僧帽弁閉鎖不全（MR）がこの大きさの雑音で発見される。ASD，PSは，

心臓検診ではじめて指摘されることも多い。ASDとPSの鑑別は，固定性2音分裂の有無による。大動脈縮窄の雑音は前胸部上部だけでなく，背部肩甲骨の間で高調の音としてよく聴かれるのが特徴的である。MRの雑音は心尖部で高調の音としてよく聴かれ，程度によっては3／6度に聴かれることがある。
※完全右脚ブロックでは，固定性2音分裂が聴かれるので，聴診の訓練によい。

3．過剰心音

僧帽弁逸脱では収縮中期にクリックが聴かれ，2音の分裂様に聴かれることもある。肺動脈，大動脈狭窄で収縮期に聴かれる高調なクリック音は特徴的であり，これが聴かれたときは弁狭窄であることが確実になる。

4．拡張期雑音

検診で聴かれる拡張期雑音は，全てが異常である。学校検診で問題になるのは，大動脈弁閉鎖不全である。この雑音は，坐位で身体を前に傾けたときに，高調の第2心音に続いて聴かれる漸減性の拡張期雑音である。高調な音なので，聴診器を胸壁に強く押しつけたほうが聴取しやすい。マルファン症候群などでよく聴かれるので，診察時には体つきにも注意しておきたい。低調の拡張期雑音は，検診では聞き難いことが多いので，ここでは触れない。

5．心雑音を示さない重篤な心疾患

原発性肺高血圧症は突然死も起こし得る重篤な心疾患であるが，心雑音は聴かれない。聴診上の強勢な第2心音がのみが手がかりである。この疾患は心電図での右室肥大が診断のきっかけとなる。心筋症も心雑音を呈さないが，肥大型心筋症では駆出性雑音が聴かれることがある。心筋炎でも雑音は呈さない。疲れやすさなどの問診表での訴えと，心電図上の変化が診断のきっかけとなる。

Ⅳ　心電図異常

自動診断装置での判定上の注意点を述べる。自動診断では，基線の揺れは評価しないように設計されているので，P波の異常とT波の異常は無視されることが多い。心雑音のない右室肥大では，T波の逆転などの右室ストレインパターンに注意して肺高血圧症を除外する。心雑音のない左室肥大では，高血圧と肥厚型心筋症に注意する。徐脈のときは甲状腺機能低下症と神経性食思不振症，頻脈ならば心筋炎，心筋症を念頭に置く。

Ⅴ　問診表の役割と問題点

問診表の既往歴および問題となる症状の記載は，上記の心雑音のない心筋症，心筋炎などを疑うきっかけとなるので，説明のつかない易疲労性には注意する。保護者が症状を書きすぎている場合もあるが，根拠なく無視すべきではない。川崎病の既往があったときは，急性期の冠動脈の状態の情報が大切である。急性期に心エコーで正常であることを確認してあれば問題は少ない。経過観察されていない例は，医師の指示によるものかどうかの確認を要する。失神を疑わせる症状の記載があったときは，QT延長症候群を念頭に置き，QT時間が450msec以上であったときは，突然死・失神の家族歴を確認する必要がある。

Ⅵ　心臓疾患の管理指導について

従前の心臓病管理指導表は，平成14（2002）年より学校生活管理指導表となった（P.67, 68, 表1, 2）。日本小児循環器学会ホームページ（http://jspccs.umin.ac.jp/）からダウンロードできる。専門医によって書かれることになっているが，運動時の危険性を考慮しつつ，できるだけ子どもから運動に参加する機会を奪わないように配慮して書く。

尿

村上　睦美
（日本医科大学小児科教授）

I　学校検尿の意義

わが国では，母子保健対策の基本理念として包括的健康管理の考え方が導入され，それらに則り検尿が法制化されている。これらに基づいて，母子保健法，学校保健法，労働安全衛生法，老人保健法などによる健康診査の一つとして検尿を行うことが定められている。

現在，学校検尿の意義としては，個人的な面では疾患の早期発見，早期治療による生活の質の向上があり，社会的な面としては以下のような事項が挙げられている[1]。

1．小児期新規人工透析導入者数の減少[2]
2．糸球体腎炎による新規透析導入者の透析までの期間の延長[3]
3．健診としての有用性の高さ[1]
4．費用便益の高さ[1]

II　実施方式[4,5]

現在，広く用いられている学校検尿のシステムは大別してA方式とB方式に分けられる。前者は，三次検診として集団精密検診を行う方式で，この方式では精密検査の結果に基づいて暫定診断をつけ，専門医受診，経過観察などの事後措置を決める。このため，検尿システム全体の統一的な管理を行うことができ，同時に学校が検尿結果を把握することも容易になる。多数の学童，生徒を対象とする地区ではこの方式が推奨される。後者は，二次検尿の陽性者が直接主治医や学校医を受診する方式で，診断，管理の統一性には欠けるが，検診と治療が直結できる利点がある。対象となる児童，生徒の数が少なく，多くの児童，生徒の主治医が同じ学校医である地区では診断，管理を統一したものにできる。さらに精密検査，暫定診断などを行う時間を省くことができ，早期診断，早期治療が可能になる。

III　検尿方法[4,5]

検尿方式としては，早朝第一尿を2回検査し，それらの連続陽性者を尿異常者として次の段階の精密検査の対象とする東京方式が広く用いられている[6]。この方式は，早朝第一尿を用いることで小学校高学年から中学校の時期に多い体位性蛋白尿に代表される生理的な蛋白尿をスクリーニングの標的から省くこと，2回検尿を行うことで再現性がある尿異常者を拾い上げることを目的としている。

一次検尿は，対象者全員の前夜就眠前完全排尿後の早朝第一尿（中間尿）を試験紙法により蛋白，潜血について検査する。蛋白尿が痕跡陽性以上を示した検体についてはスルフォサリチル酸法を併用し，これらが痕跡陽性以上の検体を陽性とする。この一次検尿陽性者全員を二次検尿の対象とする。

二次検尿は一次検尿陽性者に対し，一次検尿後10〜15日に，試験紙法で蛋白，潜血について検査する。同時に尿沈渣について検鏡を行い，蛋白が痕跡陽性以上を示した検体については，一次検尿と同様にスルフォサリチル酸法を併用する。一次・二次検尿の連続陽性者を陽性とし，次の段階である精密検査の対象とする。

IV　事後措置[4,5,7]

A方式とB方式では事後措置が異なる。前者は二次検尿陽性者全員に集団精密検診を施行し，その結果にしたがって陽性者の管理を行う方式である。後者は精密検診を学校医あるいは検尿陽性者の主治医が施行する方式である。

B方式では，主治医になった医師それぞれにより精密検診の検査項目が異なり，診断名も異なってくる．A方式においても，三次の精密検診の項目，暫定診断は各地区によって異なっており，児童，生徒の進学，転校などを考えた場合にはA，Bいずれの方式においても全国的に同じ基準で診断が下されることが望ましい．現在，A方式における三次の精密検診では検査項目，暫定診断基準などの統一化は進んでいるが，B方式の事後措置においては各医師の判断に任されているため，検尿委員会制度が作られていない地区では統一化は進んでいない．

V　検尿陽性者の管理[4,8,9]

　学校検尿で発見された尿異常を有する小・中学生の管理については，日本学校保健会が家庭においても学校においても同じ基準で尿異常者を管理できるように，学校生活管理指導表を作成している．これらは学習指導要領に基づいて，表（P.67, 68，表1, 2）のように小学生用，中学・高校生用に分けられている．この管理指導表では，教科体育指導要領に記載された運動種目を指導表の左の欄に列挙し，各運動種目への具体的な取り組み方を運動強度別に横列に示してある．これらにより，学校現場での利用の正確性を高めるように配慮されている[10]．

　これらにおいて，生活指導区分はA，B，C，D，Eの5段階に分類され，Aは在宅医療・入院が必要，Bは登校はできるが運動は不可，Cは軽い運動には参加可，Dは中等度の運動も参加可，Eは強い運動にも参加可であることを示している．

　運動区分は3段階に分けられており，各運動種目への取り組み方は，同年齢の平均的児童生徒にとって各強度区分に相当するものとして定義されている．軽い運動とは「同年齢の平均的児童生徒にとって」ほとんど息がはずまない程度の運動，中等度の運動とは「同年齢の平均的児童生徒にとって」少し息がはずむが，息苦しくはない程度の運動，強い運動とは「同年齢の平均的児童生徒にとって」息がはずみ，息苦しさを感じるほどの運動を指す．等尺運動の場合は，中等度の運動では強い運動ほど力はこめて行わないもの，強い運動では動作時に歯を食いしばったり，大きなかけ声を伴ったり，動作中や動作後に顔面の紅潮，呼吸促迫を伴ったりするほどの運動を指す．

　学校検尿の結果を有効に利用するためには，小児期に得られた検尿の情報を成人まで伝えるための媒体が必要になる．現在，学校検尿の結果を継続して追跡できるように，日本学校保健会は「腎臓手帳」を作製しているが，これらは利用頻度が低く，さらに容易に小児期の検尿情報を成人まで伝えることができる手段の開発が待たれる[11]．これらがシステムとして完成された時点で，はじめて学校検尿を生涯検尿の基礎にすることができる．

[文献]
1) 村上睦美，土屋正己：現行の学校検尿システムの成果と問題点．小児内科　2003；35：853-856．
2) 吉岡加寿夫，服部新三郎，伊藤　拓，他：小児末期腎不全調査，日本小児腎臓病学会・学術委員会，厚生科学研究．子ども家庭総合研究事業編　2000．
3) 小山哲夫：どうする尿潜血，尿蛋白，成人保健の立場から．健康管理　1996；507：4-21．
4) 日本学校保健会編：新・学校検尿のすべて．日本学校保健会，東京，2003．
5) 臨床透析編集委員会企画，酒井　紀編集：腎疾患ケアシステム－臨床透析クルズス．日本メディカルセンター，東京，1991．
6) 日本学校保健会編：平成10年度児童生徒の心臓検診・尿検査実態調査報告書．予防医学事業中央会，東京，2000．
7) 村上睦美：学校検尿の現状と事後措置．日本医師会雑誌　1992；108：1364-1368．
8) 日本学校保健会編：腎疾患児，新・学校生活指導のしおり（学校．学校医用）．日本学校保健会，東京，2002．
9) 本田　惠，原田研介，村上睦美：特集・新しい学校生活管理指導表－心臓病・腎臓病のこどものために－．HEALTH CARE 53．東京都予防医学協会，東京，2002．
10) 村上睦美，土屋正己：学校腎臓病健診．保健の科学　2002；44：668-675．

11) 日本学校保健会編：腎臓手帳．日本学校保健会，東京，2002．

寄生虫卵

衞藤　隆
（東京大学大学院教育学研究科
健康教育学分野教授）

児童生徒の寄生虫卵保有率は，戦後しばらくは約60％と極めて高率であったが，近年は小学生において0.01％から0.03％程度となっており，その内容としては蟯虫が中心となっている。

学校保健法施行規則第5条の8にて「前条第1項第11号の寄生虫卵の有無は，直接塗抹法によって検査するものとし，特に十二指腸虫卵又は蟯虫卵の有無の検査を行う場合は，十二指腸虫卵にあっては集卵法により，蟯虫卵にあってはセロンハンテープ法によるものとする」と規定されており，これにより検査が実施されている。

I　蟯虫症

手指や爪の間に付着した蟯虫（Enterobius vermicularis）の成熟虫卵が経口摂取されると胃内で孵化する。小腸内で発育を遂げ，盲腸上部で成虫となる。産卵の時期になると，成虫は宿主の睡眠中に肛門外に出て，肛門周囲に産卵する。産卵後，成虫は死ぬが，虫卵は布団の中の温度で6～7時間で幼虫になる。孵化した幼虫の刺激により肛囲に痒みを覚え，宿主は手指で掻く。再び手指についた蟯虫が口の中に入れば自家感染を起こす。また，下着や寝具を介して塵埃とともに他の家族の口に虫卵もしくは成虫が入ることもある。こうして幼児，学童等からその家族へ感染が広がることになる。このような感染様式をとるので，学年が低いほど感染率が高い傾向がある。

症状は睡眠中の肛門周囲の瘙痒感と不快感である。二次的に肛門周囲炎や不眠を生ずることもある。まれに虫垂炎を起こすことがあるが，通常は栄養不良等，全身的影響をおよぼすことはない。子どもによっては食欲不振，腹痛，夜泣き，また，不眠により神経質になったり注意散漫になることがある。

方法としては，セロハン製採卵用紙を起床時に被検査者の肛門周囲に貼付し，十分圧接した後これを剥離して，スライドグラスに貼り付けて顕微鏡で検査する。通常は学校から児童に採卵用紙を事前に渡し，採取後セロハン同士を貼り合わせた状態の採卵用紙を学校に持参させ，集めたうえで検査会社に検査を委託する形で実施することが多い。

治療は医療機関にて薬物療法（パモ酸ピランテル〈コンバントリン®〉ほか）を行うことになるが，家族あるいは同居者も合わせて治療することが必要である。

保健指導としては，手洗いの励行，室内の清掃，寝具の日光干し，下着の清潔など身辺を清潔に保つことや，生活環境の整備について丁寧に説明する。

II　回虫症

回虫（Ascaris lumbricoides）は，野菜等を人糞を肥料として用いていた時代には高率に認められたが，現在では激減している。ときとして輸入食料品の漬け物等に回虫卵が発見されるというような事例が認められる程度である。

糞便中に排泄された受精卵は，適当な環境下であれば1～2週間で感染性をもった成熟回虫卵に発育する。これが食品，手指等を通じ口内に入ることにより，小腸内で孵化して幼虫となる。幼虫は小腸粘膜に侵入し，血行性に肺に達する。肺胞から気管支，気管を経て咽頭に達し，嚥下されて再び胃から空腸に達し成虫になる。

回虫は，小腸内に寄生している時には無症状のこともあるが，ときに腹痛，腹部不快感，下痢，食欲不振等の症状が現れることもある。腸

管壁に侵入し，さまざまな臓器に達することにより多彩な症状を呈する。この場合，腹部の激痛など激しい症状を呈することが多い。虫垂に迷入して虫垂炎を起こしたり，腹膜炎，腸閉塞などを引き起こすこともある。

Ⅲ　その他の寄生虫症

蟯虫，回虫以外の寄生虫としては，鉤虫（十二指腸虫），アニサキス，裂頭条虫，旋毛虫，顎口虫等がある。また，ペットからの人畜共通感染であるイヌ回虫，イヌ糸状虫等が問題となることもある。

[文献]
日本学校保健会：児童生徒の健康診断マニュアル．日本学校保健会，東京，1995：43, 70-72.

その他

衞藤　　隆
（東京大学大学院教育学研究科
健康教育学分野教授）

学校保健法施行規則第4条の12には，検査の項目として「その他の疾病及び異常の有無」が挙げられている。この内容については，規則においてこれ以上の記載はない。日本学校保健会にて平成12（2000）年度から平成13（2001）年度にわたり健康診断の検討を行った結果をまとめた平成14（2002）年度健康診断調査研究小委員会報告書[1]によると，その他の項目に関連して以下の記述がなされている。

"呼吸器，消化器，その他内臓諸器官の疾病及び異常，気管支ぜん息等アレルギー疾患，内分泌疾患，代謝疾患等については，学校生活への影響及び生涯を通じた健康つくりの観点から，保健調査等を通じてその存在を把握するとともに個々の児童生徒等が診療を受けている医療機関との連携に努めるものとする。

学校保健法施行規則により定められた項目以外の検査の実施に際しては，本人及び保護者に検査の趣旨を説明し，同意の得られた者に対してのみ実施することとする。

心の問題については，健康診断による検査では発見が困難なこともあり，日常の健康観察において注意を払うことが大切である。また，保護者との連絡や健康相談の活用等による対処が望まれる。"

以上の観点から学校生活において考慮すべき内科的疾患の中から主要な疾患について，以下解説する[2]。

1．先天性心疾患

新生児期，あるいは乳幼児期の健診等が整備されているため，先天性心疾患の大部分は小学校入学以前に発見されており，手術が必要なものは終えていることが多い。しかし，複雑心奇形等のため手術が実施されない場合や根治手術がなされない例もときに存在する。薬剤等による内科的治療については，治療を継続している場合から無治療で経過観察されている場合まで多彩である。心疾患を保有している者は，学校管理下での突然死のリスクが高い者が含まれているので，家族，主治医と連絡を密にして生活管理上の留意点について十分に把握しておくことが大切である。

2．後天性心疾患

川崎病既往のある児童生徒，リウマチ性心疾患等が代表的である。川崎病既往者では，急性期から回復期に心臓に変化がみられたかどうか，後遺症がある場合，定期的な診察と検査を受けているかどうかを確認する必要がある。また，再発の既往についても把握しておく必要がある。冠血管閉塞防止のため薬剤の投与を受けているかどうかも確認しておく。リウマチ熱によるリウマチ性心疾患は近年激減した。既往者は定期的診察と検査を受けながら，ペニシリン等による予防内服を受けていることが多い。診療状況，服薬状況を把握し，日常生活上の指導

管理について家族や主治医と連絡を取りながら決めていく必要がある。

3．心筋疾患

突然死を引き起こす可能性のある心筋症に注意する必要がある。特に，肥大型心筋症に対しては，十分に注意を払った管理・指導が必要である。

肥大型心筋症は中学生，高校生等に多くみられ，運動中，運動直後に突然死を起こすことが多いため，学校における保健管理指導上最も注意しなければならない疾患の一つである。学校生活のみならず，家庭での生活にも注意を払う必要がある。主治医と密接な連絡をとり，具体的管理指導内容について十分に意見交換しておくべきである。

拡張型心筋症はまれではあるが，やはり突然死の危険があるので，家庭および主治医と密接な連絡をとっておく必要がある。

4．不整脈

不整脈を有する児童生徒等は意外と多く，学年が上がるにつれその頻度は高くなる傾向がある。大部分の不整脈は日常生活上問題とならないが，一部の不整脈が問題となる。表に危険がある不整脈と危険の少ない不整脈を示した。中でもQT延長症候群は突然死を起こしやすいため日常生活上十分な注意が必要である。危険があるとされる不整脈を有する児童生徒等については，家庭および主治医と連絡をとって，日常生活管理を行う必要がある。

5．術後の心疾患

術後の心疾患の大部分は先天性心疾患によるものである。このほか，最近では川崎病後遺症の術後例，人工弁置換例，ペースメーカー移植例などがある。手術は，個々の患者の状態に応じて症状の軽減や改善をめざしたものから根治的な治癒をめざしたものまで多様である。また，手術の結果，新たな問題を生ずる場合もある。これらの理由により，術後の心疾患といっても一概に論ずることはできない。保護者，主治医と連絡を取り，十分に問題点を整理し，日常の学校における生活管理を行う必要がある。

6．肝疾患・消化器疾患

肝疾患にはウイルス肝炎，肝硬変，胆汁うっ滞症，先天性胆道閉鎖症，体質性黄疸，肝臓腫瘍等，その他の消化器疾患としては，胃十二指腸潰瘍，潰瘍性大腸炎，クローン病等炎症性腸疾患，消化管回転異常，食道閉鎖，鎖肛等の先天性疾患の術後等多彩である。近年では，肝臓移植後の児童生徒も存在する。日常生活において特に食生活，運動，感染防御等に特に配慮を要する場合もあり，やはり保護者，主治医と連絡を取り，十分に問題点を整理し，日常の学校における生活管理を行う必要がある。

7．腎疾患

乳幼児期の健康診査や学校検尿を通じて腎疾患が発見される場合もときにある。これらには，

表　危険度よりみた不整脈（基礎に心疾患がない場合）

危　険　が　な　い　も　の	危　険　が　あ　る　も　の
・呼吸性不整脈	・多源性心室性期外収縮
・洞性不整脈	・連発性心室性期外収縮
・冠静脈洞調律	・R on T型心室性期外収縮
・左房調律	・発作性心室性頻拍症
・移動性ペースメーカー	・運動により悪化する第2度以上の房室ブロック
・期外収縮の大部分	・完全房室ブロック
・第1度房室ブロック(PR延長)	・洞不全症候群
・第2度房室ブロック(Wenckebach周期の大部分)	・QT延長症候群
・完全右脚ブロック	・完全左脚ブロック
・頻拍発作のないWPW症候群	・WPW症候群の特殊な例

継続的な治療や生活管理が必要なものから，それらを必要とせず定期的検査のみ推奨されるものまで幅広く存在する。保護者，主治医と連絡を取り，日常の学校生活における管理を中心に問題を整理しておく必要がある。

8．気管支喘息等アレルギー疾患

近年，小児において気管支喘息は増加しているといわれている。気道過敏性を基盤とし，日常生活において呼吸困難を生じうるので，特に配慮を要する疾患であるといえる。このほか，アレルギー性鼻炎，食物アレルギー等にも注意を払う必要がある。原因物質であるアレルゲンが判明している場合は，学校生活において曝露を最小限とする環境上の配慮を行う必要がある。保護者，主治医と連絡を取り，生活管理指導について十分に把握しておく必要がある。特に，運動，給食，室内換気等について配慮を要する。

アトピー性皮膚炎も今日では頻度の高い疾患である。激しい瘙痒を伴い，皮膚の乾燥，肥厚等を認め，外観上の変化も著しい場合がある。日常的な皮膚の手入れ（スキンケア）と医師による適切な治療により，皮膚の状態を悪化させないような配慮が必要である。

9．糖尿病等代謝疾患

小児においては，1型糖尿病と，近年増加傾向にある2型糖尿病の双方を認める。前者は以前は若年性糖尿病，インスリン非依存型糖尿病と呼ばれたものとほぼ等しく，後者は成人型糖尿病，インスリン依存型糖尿病におおむね該当する。1型糖尿病は膵臓のランゲルハンス島が自己免疫等のため激しい炎症を起こした結果，インスリン分泌能が著しく低下し，枯渇してしまうことに起因する。2型糖尿病は上記以外の原因でインスリンの作用不足が現れて高血糖になるもので，背景に肥満が存在することが多い。平成4（1992）年度から学校検尿の必須項目として尿糖が検査されるようになって以来，以前に比べ，相対的に多くの小児2型糖尿病を有する児童生徒が発見されるようになった。また，少数ではあるが1型糖尿病を有しながらケトアシドーシスなどの症状を呈さない段階の児童生徒が尿糖スクリーニングにて発見されるようになった。尿糖検査の陽性率は第1次検査で約0.07％，第2次検査で約0.02％である。これらに経口的ブドウ糖負荷試験（OGTT）を行い耐糖能異常の有無が判定される。東京都における平成3～13（1991～2001）年度の調査によると，受診者10万人当たりの発見率は，小学生で1.66，中学生で7.33であった[3]。

糖尿病を有する児童生徒の日常の生活管理は，インスリン注射，食事，運動，低血糖対策，精神面の問題等多岐にわたり配慮する必要がある。主治医の協力による生活管理指導表に基づき生活の管理指導を行う。保護者との連絡も密にとり，病態に応じた配慮を行う。

10．その他慢性疾患

起立性調節障害（O.D.）は循環器系の自律神経疾患として頻度も高い。症状が強い場合，主治医とよく相談して生活管理を行うことが大切である。本人はいうまでもなく，学校と家庭がよく連絡を取り，病気についてよく理解し，納得のうえ，生活管理を行う。その他，肥満，高血圧，てんかん等も児童生徒においてときに認める疾患である。他の場合と同様，病気についての正しい理解と保護者，主治医との連携が大切である。

[文献]
1) 日本学校保健会：平成14年度健康診断調査研究小委員会報告書，初版．日本学校保健会，東京，2003．
2) 日本学校保健会：児童生徒の健康診断マニュアル，初版．日本学校保健会，東京，1995：43，70-72．
3) 浦上達彦，大和田操，北川照男：平成13年度糖尿病検診の実施成績とこれからの糖尿病対策について．東京都予防医学協会年報　2003；32：45-50．

第3章

健康診断

2. 定期健康診断　5)事後措置(除,健康相談)

近藤　太郎 (東京都医師会理事)

児童生徒の定期健康診断の事後措置については，その結果を記録するだけでなく，児童生徒の生活にどのように活かしていくのかが重要である。学習指導要領にある「生きる力をはぐくむ」健康教育の面からみれば，事後措置は学校医の大切な役目であることは明らかである。

I 法令における位置づけ

学校保健法第6条により，「学校においては，毎学年定期に，児童，生徒，学生又は幼児の健康診断を行わなければならない」と，学校における定期健康診断の実施について規定されている。

そして学校保健法第7条では，事後措置について次のように触れている。

「学校においては，前条の健康診断の結果に基づき，疾病の予防処置を行い，又は治療を指示し，並びに運動及び作業を軽減する等適切な措置をとらなければならない」

ここで取られるべき措置については，学校保健法施行規則第7条で具体的に記されている。

II 事後措置の内容

学校保健法施行規則第7条では，「学校においては，法第6条第1項の健康診断を行ったときは，21日以内にその結果を児童，生徒又は幼児にあっては当該児童，生徒又は幼児及びその保護者に，学生にあっては当該学生に通知するとともに，次の各号に定める基準により，法第7条の措置をとらなければならない」としている。そして以下の9項目を挙げている。

1. 疾病の予防処置を行うこと。
2. 必要な医療を受けるよう指示すること。
3. 必要な検査，予防接種等を受けるよう指示すること。
4. 療養のため必要な期間，学校において学習しないよう指導すること。
5. 特殊学級への編入について指導と助言を行うこと。
6. 学習又は運動・作業の軽減，停止，変更等を行うこと。
7. 修学旅行，対外運動競技等への参加を制限すること。
8. 机又は腰掛の調整，座席の変更及び学級の編制の適正を図ること。
9. その他発育，健康状態等に応じて適当な保健指導を行うこと。

条文の1～3は医療の面での措置に相当し，4～9は生活規正の面での措置に相当する。

学校医が事後措置の判断をする際には，保護者によって記載される保健調査票や，健康手帳にある児童生徒の健康情報も大切である。生活歴やアレルギー・喘息の有無，予防接種歴，使用している治療薬のことなどを参考とすることで，よりよい指導をすることができる。医療が必要と思われる疾患や異常が疑われる場合は，しかるべき指示をする。

予防接種については，個別接種が中心となって久しいため，接種率が各種類とも低下している。事後措置のなかでぜひ対応したい。

視力や聴力に障害がある児童生徒については，本人にとって学習しやすい座席配置を担任の教師にすすめる。

表1　学校生活管理指導表（小学生用）

III　心臓疾患，腎臓疾患について

　心臓疾患や腎臓疾患については，疾患の種類にかかわらず学校生活管理指導表を活用することが望まれる。この指導表は，体育の授業で取り上げられる運動種目だけでなく，文化的活動や学校行事などについても，どこまで許可できるかの判断がつけやすいよう考慮されている。小学生用（表1）と中学・高校生用の2種類があり（表2），新しい学習指導要領に準拠するよう平成14（2002）年度から改訂された。学校での活動をなるべくさせてあげようという考え方が基本にある。
　心臓疾患では，不整脈や心筋症などから不幸な突然死を防ぐための目的もある。心疾患児が定期的な専門医への受診を続けることに遺漏がないよう，保護者に指導する必要がある。
　腎臓疾患を持つ児童生徒については，以下のような場合，専門医に紹介するとよい。
　1．尿所見が強いか，所見が悪化した場合。
　2．高血圧，むくみ，腎機能低下のある場合。
　3．血清の補体値（C3）が低下している場合。
　医療的判断や管理表の記載については，専門医によってなされることが望ましい。

IV　結核健診について

　平成15（2003）年度から，結核健診は定期健康診断の項目の一つとして位置づけられた。結核対策検討委員会で精密検査対象者とされた児童生徒に対しては，必ず検査を受けるよう指導する。

表2　学校生活管理指導表（中学・高校生用）

学校における健康診断は，その性格上スクリーニング的なものとなる。結果と事後措置については，健康カードや健康手帳などを通して児童生徒そして保護者に通知する。しかるべき医療や検査を受けたかどうか，接種すべき予防接種を受けたかどうかなどについてフィードバックすることは難しい。これは学校保健の課題の一つでもある。

学校においては，毎学年定期に健康診断が実施され，事後措置が行われる。児童生徒にとって，自分自身の健康づくりや疾病の管理について，より意識するきっかけになるであろう。定期健康診断とその事後措置は健康教育として重要である。

[文献]

1) 日本医師会編：改訂　医師のための学校保健．日本医師会，東京，1993．
2) 日本学校保健会編：児童生徒の健康診断マニュアル．日本学校保健会，東京，1995：44-55．
3) 日本学校保健会：健康診断調査研究小委員会報告書．日本学校保健会，東京，2002．
4) 日本学校保健会：心疾患児　新・学校生活管理指導のしおり　学校・学校医用．日本学校保健会，東京，2002．
5) 日本学校保健会：腎疾患児　新・学校生活管理指導のしおり　学校・学校医用．日本学校保健会，東京，2002．
6) 衞藤　隆：健康診断の目的と進め方．治療 2002；84（8）：17-22．
7) 渋谷敬三：新学校保健法の解説（第五次改訂版）．第一法規，東京，2001．

第3章

健康診断

3. 臨時健康診断

衞藤　隆（東京大学大学院教育学研究科健康教育学分野教授）

I　定義と法的根拠

学校保健法第6条第2項にて「学校においては，必要があるときは，臨時に，児童，生徒，学生又は幼児の健康診断を行うものとする」とあり，臨時健康診断の実施を根拠づけている。「必要があるとき」については，学校保健法施行規則第8条にて「法第6条第2項の健康診断は，次に掲げるような場合で必要があるときに，必要な検査の項目について行うものとする。1．伝染病又は食中毒の発生したとき。2．風水害等により伝染病の発生のおそれのあるとき。3．夏季における休業日の直前又は直後。4．結核，寄生虫病その他の疾病の有無について検査を行う必要のあるとき。5．卒業のとき」とある。

II　実施する場合

どのような場合に実施するかについて，以下個々の場合を説明する。

1．伝染病または食中毒が発生したとき

学校において伝染性の感染症または食中毒の集団発生をみたような場合には，患者以外の児童生徒等に対して，感染症または食中毒の有無について検査する必要があると判断される場合がある。

2．風水害等により伝染病の発生の恐れがあるとき

風水害等の被害を受けた後には，汚水による病原体の拡大，蚊等病害昆虫の発生等が起こり，伝染性の感染症の発生をみることがあるので，その状況によって，感染症の有無について検査する必要があると判断される場合がある。

3．夏季における休業日の直前または直後

夏季における休業に入る場合は，夏季の健康におよぼす影響，児童生徒等の実態等を考えて，結核，耳鼻咽喉頭疾患および眼疾患の有無等について検査することが考えられ，また，夏季における休業が終わった直後には，細菌性赤痢などの消化器系感染症等の検査を行う必要があると判断される場合がある。

4．結核，寄生虫病その他の疾病の有無について検査を行う必要があるとき

その学校，その地域社会の保健状態によって，たとえば結核の集団発生，寄生虫病の多い地域などでは，結核，寄生虫病その他の疾病の有無について検査を行う必要があり，このような場合には，定期の健康診断のほかに，臨時の健康診断が必要と考えられるからである。

5．卒業のとき

中学校および高等学校等では，児童，生徒に対し進学または就職等の指導の適正を期するため，それに必要な検査の項目について臨時の健康診断を行う必要が考えられるからである。

III　臨時健康診断の意義と位置づけ

以上述べたように，臨時健康診断とは上記法および規則に基づき定められた場合に必要があると認めたときに行われる健康診断であり，項目については特に定めがなく，実施にあたって必要と認められる検査の項目を実施することになる。規則第4条に示される健康診断項目，同第6条の健康診断票，同第7条の事後措置のいずれも定期健康診断について述べられたものであり，臨時健康診断については触れられていない。ただし，同第8条の2に示される保健調査

は臨時健康診断にも適用される。

規則第8条の解釈については，上記の1～5は例示であって，これ以外にも必要があるときには実施するとの見解もある。実際，シックハウス症候群への対応として室内化学物質対策としての健康管理において，保健調査と臨時健康診断の実施を位置づけている地域もある。これは明らかに1～5には該当せず，例示としての解釈とみなせる。

他方，マラソン大会や修学旅行の前に学校医に診てもらうような場面は，健康相談と位置づけるとする考え方が学校保健関係者の間では一般的である。

法第6条の「学校においては」という用語の意味を考えると，本条文自体が児童生徒等の健康診断を行わなければならないという実体的な規定であるので，学校側にかなり主体性をもたせた意味が強いと解釈できる。

平成14（2002）年度健康診断調査研究小委員会報告書においては，臨時健康診断を今後とも検討を必要とする課題と位置づけ，「定期健康診断や健康相談との違いや趣旨を明確にし，具体的な実施の基準等について検討する必要がある」と述べている。規則第8条の規定が定められてから長らく変更がなされておらず，例示の内容が現代の学校環境と必ずしも適合しなくなってきていることも事実である。したがって，臨時健康診断については，今後，現状に見合った実際的内容の取り決めがなされる必要があり，そのために必要となる保健調査や検査についても具体的な検討がなされる必要があるといえる。

Topic

学校給食
坂本　元子（和洋女子大学家政学部教授）

　学校給食は，児童・生徒の食事についての正しい理解と食習慣を養い，栄養改善および健康の増進を図り，食糧の生産や消費についての正しい理解を目標として，児童・生徒の心身の健全な発育や食生活の改善に寄与するために実施されている。

　教育課程における給食指導の位置づけは，特別活動の中の学級指導にあり，そのねらいは望ましい食習慣の形成，自分の健康を自分で守るための自己管理能力の形成，食の自立，特に生活リズムの変調と食生活の実態を見直し，自ら改善するように指導するとともに，家庭・地域との連携を図り，効果的な指導を狙っている。

　学校給食における"食に関する指導"は，生涯を通じた健康づくりの視点から，栄養のバランスのとれた食生活や適正な衛生管理の実践について指導することが求められている。近年は，学校栄養職員に求められる指導力として，①児童・生徒の成長発達に関する理解，②教育の意義・課題の理解，③児童・生徒の心理の教育的配慮を持った資質が求められ，また，児童・生徒への個別的な相談指導として，①偏食児童生徒への調理の工夫，②痩身願望の児童・生徒へのダイエットの指導，③肥満傾向の生徒への適度な運動と栄養バランス，④食物アレルギーの児童・生徒に対する原因物質を除去した給食の提供などが求められている。平成10（1998）年の教育改革プログラムの改訂で，特別非常勤講師として学校栄養職員が"食"に関する指導を行うなど，健康教育に積極的な参画・協力を得て，担当教諭と学校栄養職員がチームを組んで，教科指導や特別非常勤として指導を行うよう求められている。衛生的な給食施設の管理のために，調理員の衛生や，食品衛生の日常管理など，特に調理過程の清潔，迅速および冷却・加熱処理が適正に行われているかの確認等，厳重な対応も給食管理として求められている。

第3章

健康診断

4. 職員の健康診断

西家 皥仙（北海道医師会常任理事）

学校の職員健康診断は，学校保健法（以下，学保法）と労働安全衛生法（以下，安衛法）の二法に基づいて規制されている。最近，社会情勢・産業構造の変化や技術革新の進展などにより，新しい作業関連疾患の増加が社会的に大きな問題となり，健康管理の充実などの総合的対策が必要となっている。

I 職員健康診断の目的

学保法による健康診断の目的は，職員の保健および能率増進のため，また，教職員の健康が，保健上および教育上，児童生徒などへの影響が大きいため重要である[1〜3]。したがって，健康教育の面からも，健康診断後の措置としての指導・助言は重要である。

II 学校の産業医および健康管理医について

職員数50名以上の学校については，産業医（職員50名未満はいわゆる学校健康管理医）を選任しなければならないが，学校の産業医を別途に置くのではなく，学校医が産業医の職務を行うことが求められている。少子化が進む中，児童・生徒数の減少により職員50人以上の産業医選任義務のある学校数は減少傾向にあるが，学校健康管理医は産業医資格を取得することが望ましいものと思われる。

III 学校産業医（または健康管理医）の職務と記録

産業医の職務は，①健康診断の実施および職員の健康保持の措置，②作業環境の維持管理，③作業管理，④その他職員の健康管理，⑤健康教育，健康相談その他職員の健康保持増進措置，⑥衛生教育，⑦職員の健康障害の原因調査および再発防止措置，⑧衛生委員会への出席などである。このうち健康管理医の職務は，健康相談など学校職員の健康保持増進措置と学校巡視による快適な職場環境の形成促進である。いずれも職務を行ったときは，産業医記録票（または健康管理医記録票）を校長に提出する（表1）。

IV 学校の労働安全衛生管理体制

学校の産業医の委嘱は，原則として学校医から選任委嘱する。市町村立小学校の内科系学校医が小児科医のため，成人の健康管理はできないとして産業医としての職務を辞退される場合には，別に産業医などを委嘱する。学校医が学校職員（50人以下）の産業医業務を兼ねる場合，産業医資格を有することが望ましいが，地域事

表1　北海道立学校産業医記録票（または健康管理医記録票）別記第3号様式例

年月日	平成　年　月　日（　）　時　分〜　時　分　産業医氏名印
項目	指導事項および意見など
健康診断の実施および事後指導	産業医記録票のみ
職場巡視の概要	産業医・健康管理医記録票共通
衛生委員会の概要	産業医記録票のみ
健康相談・教育の概要	産業医・健康管理医記録票共通
その他	産業医・健康管理医記録票共通
特記事項	産業医・健康管理医記録票共通
	学校長確認印

情などにより絶対条件ではない。

V 職員健康診断の実際

1．職員健康診断の種別，対象者および時期
毎学年定期に健康診断を行わなければならない。また，必要な場合，臨時職員健康診断を行うと定めている。時期は毎学年6月30日までに行う。

2．検査の項目
1) 身長および体重：身長は，20歳以上は除外できるが，Body Mass Index (BMI) 測定には必要となる。体重は除外できない。
2) 視力および聴力検査（オージオメータ1,000Hzおよび4,000Hzの純音検査）：45歳未満（35歳および40歳を除く）は，医師の認める方法で測定できる。
3) 結核の有無は学校の設置者が行う。平成15 (2003) 年4月から，児童生徒のツベルクリン反応検査およびBCG再接種の廃止を踏まえ，児童生徒への感染防止からますます重要となった[4]。
4) 血圧
5) 尿：血糖検査施行の場合は，尿糖検査を除くことができる。
6) 胃の疾病および異常の有無
7) 貧血検査
8) 肝機能検査に血糖検査を加える。40歳未満（35歳を除く）は，血糖検査を除外できる。
9) 血中脂質検査にHDLコレステロール量検査が加わった。
10) 心電図検査
11) その他の疾病および異常の有無

（注）6)については妊娠中の女子，40歳未満は除外できる。7)〜10)は35歳未満および36〜40歳未満は除外できる。職員健康診断票の様式にBMIの欄を設けた。

3．海外派遣職員の健康診断
6カ月以上の海外派遣および海外帰国職員は，健康診断を行わなければならない。

4．職場巡視チェックリスト
職場巡視は，鋭い観察眼を養い，また観察漏れを避けるためにチェックリストは有用である。温度条件，空気清浄度，採光・照明，騒音，作業方法，整理整頓清掃などがあり，学校の禁煙・分煙対策などが重要となる[5]。

5．健康診断の事後措置[6]
1) 就業上の医師の意見：健康診断の結果，3カ月以内に医師の意見を聴き，「通常勤務」「就業制限」「要休業」などの就業区分の決定を義務づけている。具体的には，生

表2 北海道教育庁など職員関係特別健康診断（別表第3抜粋改編）例

対象	検査項目	回数	備考
VDT作業従事者初期および定期診断	1．業務歴の調査 2．既往歴の調査 3．自覚症状有無の調査 　(1) 眼疲労を主とする視器に関する症状 　(2) 頸肩腕部の筋および背腰部を主とする体軸，筋のこり，痛みなどの症状 　(3) その他精神神経疲労に関する症状 4．眼科学的検査 　(1) 視力検査（5m視力および近方視力） 　**(2) 屈折検査** 　**(3) 眼位検査** 　(4) 近点距離の測定（**または調節時間の測定**） 　**(5) 眼圧検査** 　**(6) 精密両眼視機能検査** 　(7) その他医師が必要と認める検査 5．筋骨格系に関する他覚的検査 　(1) 視診**および触診** 　(2) 握力検査 　**(3) タッピングテスト** 　(4) その他医師が必要と認める検査	初めて健康診断の受診対象者となったとき1回。**太字**文字の検査は初期健康診断時のみ，他は共通検査。定期検査は，初期健康診断を受診した翌年から年1回	
調理員	1．伝染病の病原体の検査（現在別途に赤痢菌，サルモネラ，O-157実施） 2．自覚症状（頭痛，頭重，めまい，動悸，皮膚の変化，爪の変色，頸肩痛，腕および下肢のしびれ，背腰痛，筋肉のけいれん，呼吸困難，吐き気，食欲不振および胃腸障害）の調査 3．寄生虫（鉤虫卵および回虫卵）の検査 4．皮膚（洗剤による炎症）の検査 5．背腰部および腕肩の検査	1カ月に1回以上 6カ月に1回以上 5については，エックス線直接撮影を除く	

活規正区分（A要休業，B要軽作業，C要注意，D健康），医療区分（1要医療，2要観察，3健康）の組み合わせで，A1のように決定する[7]．

2) **作業環境管理および作業管理についての意見**：健康診断の結果認められた異常所見が，作業環境管理および作業環境の不備や，作業方法の不適切に起因する疑いの場合，医師の意見について，衛生委員会または安全衛生委員会で調査・審議した後，措置が決定される．

3) **健康診断結果通知と保健指導**：健康診断の結果はすべて受診者に通知し，医師，保健師による保健指導を行う努力義務もある．

VI 新しい作業関連疾患（表2）

現代社会を反映し，メンタルストレスによる精神疾患・アルコール依存症，腰痛や頸肩腕症候群，VDT眼障害，およびライフスタイルによる高血圧・虚血性心疾患・高脂血症・糖尿病・脳梗塞・脳出血・クモ膜下出血などの生活習慣病，肝疾患，慢性気管支炎，肺気腫，喘息，胃潰瘍，過敏性大腸，そして過労による突然死などの増加が問題となっている[6]．

VII 職業性疾病予防のための労働衛生対策

生活習慣病対策，健康保持増進対策，喫煙対策など快適職場環境の形成，産業保健活動の活性化では産業保健センターなどを十分活用することが重要である．

VIII 職場の健康保持増進措置

健康測定は，問診，生活状況調査，診察，医学的検査，運動機能検査（筋力，柔軟性，敏捷性，平衡性，持久力，その他），運動時の指導票の作成などがある．職員全員への指導は運動指導と保健指導があり，特に心理相談と栄養指導などが必要な職員がいるが[6]，今後，学校の職場でも増進措置が望まれる．

労働衛生の進め方の基本は，健康診断で健康を測定し，労働衛生管理体制を確立するため，衛生委員会を活性化して労働衛生対策を進めることが大切である．それには，作業環境を良好に保ち，次に負担の少ない効率のよい作業方法に改善し，最後に健康を守る健康管理を行う．重要なものは十分な衛生教育をするなど，学校職員の労働衛生対策にも応用できると思われる[8]．

[文献]
1) 北海道医師会：学校医の手引き（第三版）．1998．
2) 東京都医師会：学校医の手引き（第五改訂版）．1996．
3) 日本学校保健会編：学校保健の動向　平成13年度版．
4) 文部科学省：定期健康診断における結核健診マニュアル．2003．
5) 荘司榮徳：職場巡視で安全衛生UP─職場巡視の勘どころ─．産業保健21　1995；2：4-9．
6) 特集　職業性疾病の予防と臨床　産業医活動の基礎と臨床．日医雑誌　1998；120(3)：385-468．
7) 髙石昌弘，出井美智子編：学校保健マニュアル第5版．南山堂，東京，2001．
8) 西家皞仙：職員健康診断．治療　2002；84：2160-2166．

第4章

健康相談と保健指導―健康教育をめざして

衞藤　隆（東京大学大学院教育学研究科健康教育学分野教授）

I　健康相談

　学校保健法第11条には「学校においては，児童，生徒，学生又は幼児の健康に関し，健康相談を行うものとする」とあり，これが健康相談の根拠となっている。また，同7条にて「学校においては，前条の健康診断の結果に基き，疾病の予防処置を行い，又は治療を指示し，並びに運動及び作業を軽減する等適切な措置をとらなければならない」と健康診断の事後措置について述べているので，広い意味での事後措置の中にも健康相談が含まれていると解釈することが可能である。さらに，学校保健法施行規則では，事後措置については第7条に詳しく述べられており，それらの規定，とりわけ第9項の「その他発育，健康状態等に応じて適当な保健指導を行うこと」が健康相談の積極的活用を促していると解釈することが可能である。

　さらに，健康相談について学校保健法施行規則第23条第5項に学校医の職務の一つとして「法第11条の健康相談に従事すること」が明記されており，同様に同規則第24条第4項に学校歯科医の職務の一つとして「法第11条の健康相談のうち歯に関する健康相談に従事すること」が明記されている。したがって，健康相談とは学校医および学校歯科医がそれぞれの職務を分担して行うものであると位置づけられている。

　近年，心の問題等児童生徒のかかえるさまざまな心身の問題に対して養護教諭が話を聞き，適切に対処することの重要性が認識され，平成9（1997）年の保健体育審議会答申では「養護教諭は，児童生徒の身体的不調の背景に，いじめなどの心の健康問題がかかわっていること等のサインにいち早く気づくことのできる立場にあり，養護教諭のヘルスカウンセリング（健康相談活動）が一層重要な役割を持ってきている」と述べている。したがって，このような意味で「健康相談活動」という用語が用いられることに留意しておかなければならない。

　学校医が行う健康相談は，具体的には以下のような児童生徒がその対象となる。

1. 健康診断の結果，継続的な観察指導を必要とする者
2. 日常の健康観察の結果，継続的な観察指導を必要とする者
3. 病気欠席がちの者
4. 心身の異常を自覚して自発的に健康相談の必要を認めた者
5. 保護者の依頼によって健康相談の必要を認めた者
6. 修学旅行，移動教室，遠足，運動会，対外運動競技会等の学校行事に参加させる場合に必要と認めた者

　健康相談とは，話を聞いて健康管理について専門的立場から適切な助言および指導を行うわけであるので，健康教育的側面と保健管理的側面の両方を兼ね備えている。そして，あくまでも相談に来た個人を対象とする相談であって，プライバシーの保持には十分に配慮する必要がある。また，単なる知識の伝達に終わらずに，健康相談を通して児童生徒が自らの健康上の課題を考え，解決に向けて努力するきっかけとなることが望ましい。

II　保健指導

　保健指導とは学習と指導からなる保健教育の

みならず，保健管理的業務の中のさまざまな場面で学校医が行う機会がある。健康相談のところで述べた健康診断の事後措置（学校保健法第7条）に関連する省令においても指導すべき内容が複数示されている。すなわち，学校保健法施行規則第7条にて示される事後措置のうち，「1．疾病の予防処置を行うこと，2．必要な医療を受けるよう指示すること，3．必要な検査，予防接種等を受けるよう指示すること，4．療養のため必要な期間学校において学習しないよう指導すること，5．特殊学級への編入について指導と助言を行うこと，6．学習又は運動・作業の軽減，停止，変更等を行うこと，7．修学旅行，対外運動競技等への参加を制限すること，9．その他発育，健康状態等に応じて適当な保健指導を行うこと」が保健指導に該当する内容を含んでいると解釈することが可能である。

学校保健法施行規則第23条の学校医の職務執行の準則，学校保健法施行規則第24条の学校歯科医の職務執行の準則に，保健指導にかかわる内容が示されている。前者の学校医の職務に関しては，「2．学校環境衛生の維持及び改善に関し，学校薬剤師と協力して，必要な指導と助言を行うこと，4．法第6条の疾病の予防処置に従事し，及び保健指導を行うこと，5．第11条の健康相談に従事すること，6．法第3章の伝染病の予防に関し必要な指導と助言を行い，並びに学校における伝染病及び食中毒の予防処置に従事すること，9．前各号に掲げるもののほか，必要に応じ，学校における保健管理に関する専門的事項に関する指導に従事すること」が保健指導に該当する内容を含んでいると解釈することが可能である。また，後者の学校歯科医の職務に関しては，「3．法第7条の疾病の予防処置のうち齲歯その他の歯疾の予防処置に従事し，及び保健指導を行うこと，4．法第11条の健康相談のうち歯に関する健康相談に従事すること，6．前各号に掲げるもののほか，必要に応じ，学校における保健管理に関する専門的事項に関する指導に従事すること」が保健指導に該当する内容を含んでいると解釈することが可能である。

学校医，学校歯科医がかかわる保健指導の法的な背景としては以上の通りである。冒頭にも述べたように，実際に学校医が保健指導をする場面は多様であり，これはまた次に述べる健康教育としての機能を果たす場合が非常に多くなる。

Ⅲ 学校医の健康教育へのかかわり

日本医師会では学校保健委員会において長年，さまざまな角度から学校医の活動について検討を重ねて来ている。平成14（2002）年3月の同委員会答申においては，「従来どちらかというと学校医の活動は保健管理を中心に展開されてきたが，教育・保健・医療をめぐる状況の変化は学校医の健康教育への参画を強く促すことになった」と述べている。ここに至る過程で，平成13（2001）年度に学校医活動と健康教育のかかわりについて，学校医である郡市区医師会会員を対象としたアンケート調査を実施し，健康教育に関する学校医のとらえ方や考え方の実情を把握した。調査の実施にあたり，学校医活動における健康教育のとらえ方を委員会として検討し，共通理解を得た。その内容は「健康教育には，学習や指導からなる保健教育をはじめ，保健管理の中の人にかかわる健康管理活動の一部，さらには安全や給食における教育的活動など，さまざまな機会が含まれる」というものである。すなわち，図（P.3，図）に示されるように，個人を対象とする保健指導や，たとえば児童生徒を対象とした健康に関する講話のような集団対象の保健指導がこの図の「保健指導」の例として挙げられる。また，学校医が担任教師と連携してティームティーチング（team teaching；TT）として展開する保健の授業は「保健学習」として位置づけられる。これらが従来より言われている「保健教育」であるが，健康教育の概念にはこれらに加えて次のようなものも含まれるとする。たとえば，学校医が薬

剤師と協力して環境管理に関する指導・助言を行う場合，健康診断の事後措置としての指導・助言を与える場合等「保健管理」に含まれる内容，また，学校保健委員会，教職員研修会，保護者対象の保健組織活動における学校医が専門的立場より助言・指導を行う場合などである[1]。

　その後の学校保健をめぐる状況の変化は，以上のような学校医の健康教育へのかかわりを一層促す方向のものであったといえる。すなわち，就学時の健康診断の改正，定期健康診断における色覚検査の廃止，結核健診の方式の変更等は，いずれも日常的に児童生徒等の健康状態をきめ細かに観察し，適切に個に応じた指導助言することの大切さが増したことを意味し，それはまた学校医活動のさまざまな場面において健康教育的役割を果たす機会が増える可能性を示唆している。今日の児童生徒等が直面する心身の健康上の課題は多様で，学校，家庭，地域における人間関係，生活習慣等の要因が複雑に絡んでいる場合も少なくない。これらの健康問題の解決や予防に学校医がかかわるとしても，単独にというよりは学校，家庭，地域の協力体制の中でその役割を果たすことが期待されるのである。そのためには，学校保健委員会，地域学校保健委員会といった組織活動が有効に機能し，専門職としての学校医，学校歯科医，学校薬剤師が適切な役割をそれらの組織活動において果たすことが大切である。さらに，その前提として，学校関係者と日頃から顔を合わせたり，気軽に話をする機会や雰囲気を作っておくことが大切である。

[文献]
1) 衛藤　隆：学校医の活動と健康教育とのかかわり．日本医師会雑誌　2002；128（4）：540-546．

第5章

学校精神保健

山崎　晃資（東海大学教育研究所教授）

　平成8（1996）年度，わが国の合計特殊出生率が1.43となった。このときの国立社会保障・人口問題研究所の推計によると，男女の出生性比（女性100に対して男性105.2），死亡率（平均寿命－男77.01歳，女83.59歳）がこのまま続いた場合，日本の人口は100年後には約4,900万人，500年後には約30万人，1,000年後には約500人となり，1,500年後には約1人になると予想されていた。平成14（2002）年度の合計特殊出生率は1.32となり，少子化はますます進んでいる。1998（平成10）年の「世界人口白書」が提言しているように，否応なく国際的な移民政策の緩和が不可欠となり，言語・文化・宗教を異にする人々との共存が必要となる。

　少子化が急速に進む中で，子どものこころの問題は多様化・低年齢化の傾向にあり，学校精神保健がますます重要な課題となってきている。

I 学校における児童生徒のこころの問題

1．不登校

　身体疾患や経済的理由によらずに年間30日以上学校を休む状態を「不登校」と呼んでいる。少子化が進む中で不登校児の数は増加の一途をたどり，平成13（2001）年度には138,722人とピークに達したが，平成14（2002）年度は131,211人（前年比0.05％減）と初めて減少に転じた。文部科学省は熱心な取り組みの成果と評価しながらも，依然として憂慮すべき状況であるとしている。

　1）不登校の背景

　　不登校は単一の疾患概念ではなく，病名でもない。不登校は社会病理・家族病理を象徴しているものであり，適応障害，同一性障害，学習障害，多動性障害，統合失調症，感情障害，睡眠覚醒リズム障害などのさまざまな病態を背景としている（図）。

　2）不登校症状の現れ方

　　①初期（身体症状を訴える時期）

　　5月の連休明けまたは夏休み後の9月に発症することが多く，吐き気，腹痛，下痢，めまい，頭痛などの身体症状を訴えて登校をしぶることから始まる。昼ごろになると身体症状は消失し，夜には教科書をそろえ，宿題をし，翌日の登校の準備を始める。数日の間，このような状態が続いた後に，両親にうながされたり，友だちに誘われたりして登校しはじめ，なにごともなかったかのように元気に遊びはじめることもある。

　　②中間期（登校刺激に反応する興奮期）

　　登校を嫌がる状態が続くと，保護者は不安となり，小児科医をまず訪れる。いろいろな検査をした後に（身体的）診断名が告げられると，保護者は納得して子どもが学校を休むことを認めたり，逆に怠けていると厳しく叱責したりすることもある。不登校の原因となった心理的葛藤は解決されておらず，登校していないことに対する不安，罪責感を持っている子どもは，登校をうながす保護者の態度に敏感に反応し，乱暴な行動をあらわすようになる（家庭内暴力）。乱暴の対象は母親であることが多く，殴る，蹴る，髪をつかんで部屋中を引きずり回す，物を投げつける，かみつく，罵倒するなどがみられる。子どもは，保護者にいいがかりをつけ，次々に交換条件を持ち出し，自分の行動を合理化しようとする。家の中が廃墟のように荒れ果てている例もある。

　　不登校の子どもが児童精神科に連れてこら

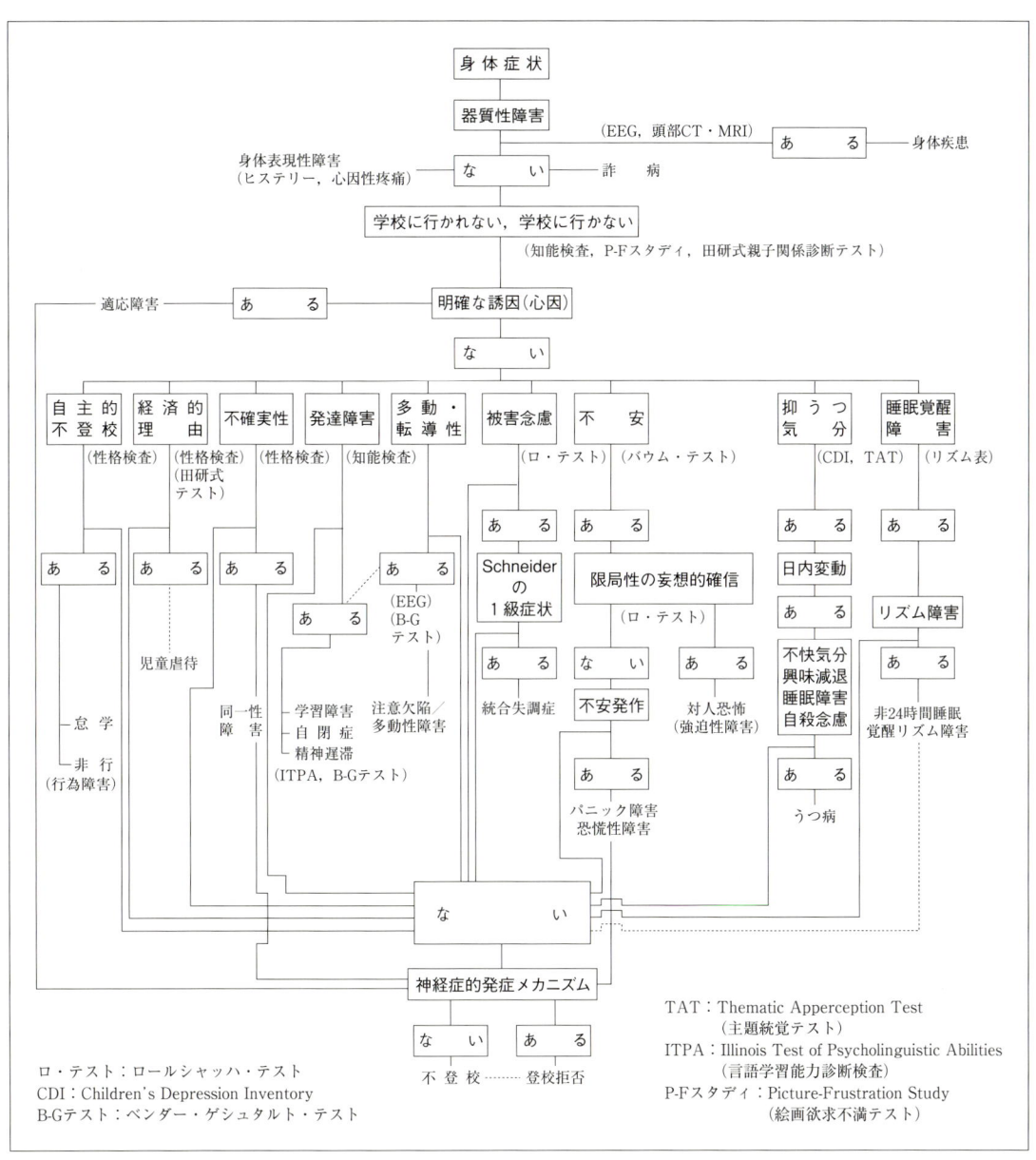

図　診断チャート

れるのはこの時期であるが，病院に行くことを頑固に拒否し，両親のみが長期にわたって相談にくることがしばしばである。

③慢性期（生活リズムが逆転し，殻に閉じこもる時期）

　昼夜逆転した生活となり，外出せずに自分の部屋に閉じこもり，学校に無関心を装うようになる。ときには被害・関係・注察念慮が認められ，統合失調症との鑑別が問題となる例もある。

④回復期（アイデンティティを獲得し，新たな第一歩を踏み出す時期）

　保健室登校，適応指導教室，フリースクール，学習塾など，子どもたちが立ち直るため

のさまざまなルートが用意されるようになってきた。不登校の子どもたちが立ち直るきっかけには，児童精神科医やカウンセラーとの出会いよりも，むしろ普通の人々との日常的な出会いや出来事が重要な意味を持っていることが多い。隣近所の人々のさりげない言葉かけや，家庭の予期せぬ出来事，家族の疾病や死亡など，ごく日常的な事柄が契機になっていることが多い。その意味では，治療者やカウンセラーのかかわりは実にささやかなものかもしれない。子どもたちが，彼らなりの新しい転機を経験したときに，それをチャンスに子どもたち自身の新たな人生を歩み出すためのウォーミングアップ期間に治療者としてつき合ってきたようなものである。

2．いじめ

文部科学省の「児童生徒の問題行動等生徒指導上の諸問題に関する調査」では，いじめは①自分より弱いものに対して一方的に，②身体的・心理的な攻撃を継続的に加え，③相手が深刻な苦痛を感じているものであり，起こった場所は学校の内外を問わないと規定されている。

1) いじめの実態

平成14(2002)年版「青少年白書」によると，平成12(2000)年度のいじめの発生件数は，小学校で14.8％，中学校で44.1％，高等学校で27.8％，盲・聾・養護学校で6.1％の学校でみられた。また，公立学校1校当たりの発生件数は0.8件であった。学年別にみると，小中学校では学年が進むにつれて多くなり，中学1年でピークとなり，その後は減少していく。いじめの形態は，「冷やかし，からかい」，「言葉での脅し」，「暴力をふるう」が多くみられた。

2) いじめの心理学的背景

法務省人権擁護局の資料によると，いじめには①集団で弱い一人または少数のものをいじめる，②陰湿でじめじめと継続的にする，③いじめに歯止めがなく徹底的にする，④面白半分や気晴らし，うっぷん晴らしからいじめる，⑤集団から異質なものやはみ出したものが対象になる，⑥周囲が制止したり仲裁に入ったりしないなどの特徴がある。

いじめは普遍化，集団化，長期化，陰湿化，偽装化が進み，①いじめる子ども，②いじめられる子ども，③いじめる子どもを陰で操る子ども，④いじめを傍観する子どもからなる複雑な三者関係，四者関係によって構成されている。

3) いじめへの緊急的対応

いじめられた子どもたちの多くは，彼らのいじめられ体験を語ろうとせず，保護者や教師に訴えても，それが解決の糸口にはならず，逆にさらにひどいいじめにあうことを敏感に感じ取っているのである。子どもがこころを開き，自分のつらい体験や悩みを語ってくれるまで，時間をかけてじっくり話を聞くことが大切である。子どもの安全が保障されにくい場合には学校を休ませたり，ときには親戚の家に預けて，いじめる子どもたちから一時的に身を隠すことも必要である。

子どもや保護者から学校の状況を聞いて，担任や教頭・校長の日頃の対応を考え，どこまでうち明けてよいのかを考えなければならない。保護者との相談も慎重に進めなければならない。保護者が感情的になって問題を矮小化し，闇雲に学校に怒鳴り込んだり，いじめる子どもの家に押しかけて口論となり，収拾がつかない状況に陥ることもある。

地域には，電話相談，教育相談所，児童相談所など，いじめに関する相談を受け付けている相談窓口があることを教え，ときには警察に連絡することも必要であることを説明しておく。

3．校内暴力

文科省は，従来，「学校生活に起因して起こった暴力行為」を校内暴力として調査していたが，学校生活に起因しない暴力行為についても調査が必要となり，平成9(1997)年度から「自校の児童生徒が起こした暴力行為」を調査する

ようになった。

平成12(2000)年度，学校内で発生した暴力行為は，小学校では全小学校の2.2%で1,331件，中学校では全中学校の35.5%で27,293件，高等学校では全高等学校の46.7%で5,971件となっている。一方，学校外で発生した暴力行為は，小学校では全小学校の0.5%で152件，中学校では全中学校の20.5%で3,992件，高等学校では全高等学校の25.8%で1,635件であった。

これらの校内暴力事件で，平成13(2001)年には848件が警察で取り扱われており，前年比14.7%の減少を示した。

4．性の逸脱行為・被害

最近，児童生徒が性犯罪に巻き込まれる事件があいついでいる。平成13(2001)年に性の逸脱行為・被害で補導・保護された少年は4,354人（前年比5.4%増）であり，中・高校生が71.3%を占めている。動機別にみると，「遊ぶ金が欲しくて」が最も多く，ついで「興味（好奇心）から」，「特定の男が好きで」，「セックスが好きで」であった。

5．学級崩壊

学級崩壊は，授業中に子どもたちが歩き回り，他の子どもとおしゃべりをし，テスト用紙を破ったり，けんかをはじめ，授業が成り立たなくなる状況である。教師が注意すると「うるせえな」，「くそばば」などの暴言が返ってくる。教師に暴力を振るったり，「あやまれ」といって土下座させたりする。まるで，校内暴力や家庭内暴力の裏側をみているようであり，教師が子どもたちにいじめられているようである。

朝日新聞社会部のレポート「学級崩壊」によると，学級崩壊の原因として①家庭のしつけが不十分で，子どもが自己中心的になった，②母子分離がうまくいっておらず，何をしても許されると思っている，③幼稚園の段階から自由や自主性が尊重されるあまり，自制心が育っていない，④刺激的なゲームや漫画になれている子どもにとって，ありきたりの授業が退屈になった，⑤教師の指導力が不足しているなどが挙げられてきた。しかし，学校教育システムの「制度疲労」を見逃すことはできない。ここまで子ども一人ひとりの問題が多様化し，重層化し，多くの子どもが自分に合った教師と一対一の人間関係を求めるようになっている現実を見つめたとき，一人の担任が子どもたちを統率し，お山の大将になって，そのリーダーシップで教科を教える小学校独特の学級担任制が時代に合わなくなってきているのではないだろうか。

II 児童生徒を犯罪に巻き込まないための方策

平成9(1997)年，神戸市で中学3年生男子による小学生連続殺傷事件，いわゆる「酒鬼薔薇聖斗」事件が起きた。阪神淡路大震災の傷跡が癒えぬ神戸市でのあまりに猟奇的な犯行は，世間を震撼させた。その後，青少年の犯罪があいついで起き，「17歳の犯罪」などと呼ばれて大きな社会的問題になった。その後，①東京・夢の島公園の中学生による浮浪者殺人事件，②名古屋市の中学校同級生による恐喝事件，③茨城県の17歳の少女による軟禁・両耳切り落とし事件，④豊川市の高校生による主婦殺人事件，⑤佐賀市の高速バス乗っ取り事件，⑥大阪教育大学附属池田小学校における児童殺傷事件などが起きた。平成15(2003)年7月には，⑦長崎市の12歳の少年による4歳幼児の誘拐・殺害事件，⑧沖縄県北谷町の中学3年生殺害・死体遺棄事件，⑨東京都港区で起きた小学6年生女児4人の監禁事件などがあいついでいる。

誰しもがすべての子どもの幸せを希求しており，大多数の子どもたちはすこやかに育っているが，非行に走る子ども，犯罪の被害者になる子どもたちが多数いることも事実である。現代社会には子どもたちを犯罪に巻き込む環境的要因が氾濫しており，万引きや自転車盗などを罪とも思わない風潮が蔓延している。インターネットや携帯電話などの新しいメディアによって飛躍的に情報量が増大したが，同時に子どもたちは現実社会と仮想社会の区別がつかなくな

り，猥褻情報や残虐性を助長する情報，さまざまな誘惑をもたらす情報が，何のチェックも経ずに，子どもたちにダイレクトに入っている。このような状況の中で，学校が犯罪防止についてどのような役割を果たすことができるのか，きわめて深刻な問題となっている。

平成15（2003）年9月，鴻池祥肇国務大臣が主宰する検討会が「少年非行対策のための提案」をまとめ，10月には「子どもを犯罪に巻き込まないための方策を提言する会」（座長：前田雅英）が「緊急提言」を竹花豊東京都副知事に提出した。

東京都の提言では，小中学校の地域における共同体機能の低下と高校生の中途退学の問題が取り上げられ，PTA，教職員，児童相談所，警察，医師会などとの連携の強化が求められた。特に教職員が児童生徒の反社会的行動に毅然とした対応をすべきであり，保護者や地域社会との密接な連携の中で非行防止を行うべきであることが強調された。同時に，おとな社会の真剣な取り組みが求められ，盛り場におけるスカウトやキャッチ行為の規制，さらに使用済み下着・唾液・尿などの販売行為などの規制，有害図書の子どもへの販売防止，酒・たばこの自動販売機の規制など，さまざまな対策を早急に検討すべきであると明記された。

わが国の将来を担うべき子どもたちの健全な育成を，学校教育の中でいかに実効性をもって行うことができるのかが，今厳しく問われているのである。

Ⅲ 学校精神保健システムの構築

さまざまな問題が山積する学校場面に，児童精神科医，サイコロジスト，カウンセラーなどの外部の専門家が参画することが多くなった。日本医師会の学校保健委員会は，平成10（1998）年3月，「学校精神保健の具体的展開方法，それに対応する学校医のあり方」についての答申を行った。その中で述べられた学校精神保健システムの構築に関する提案について要約しておきたい。

1．学校医，養護教諭，保健主事，一般教諭，カウンセラーなどのネットワークの構築

学校精神保健システムには，学校医，養護教諭，保健主事，一般教諭，カウンセラー，学校心理士，精神科ケースワーカーなどさまざまな職種が連携し，地域における関連諸機関の専門家も参画することが望ましい。各職種に固有の考え方や用語のあることを十分に考慮しながら，地道なネットワーク作りを行わなければならない。

2．ネットワークづくりのコーディネーターとしての役割

多様な職種，さらには保護者や地域の医療・相談機関の人々と連携する場合，そのシステムを十分に機能させ，参加する人々をまとめるコーディネーターには，次の要件が求められる。

①自由に発言できる場をつくり出す。
②（医療，心理，教育などの）モデルの違いに敏感で，特定の価値観に偏らない。
③権威的にならない。
④メンバーの意見をうまく取り上げ，できるだけ論点を明確化する。
⑤自由な意見の対立は促進し，個人攻撃は排除する。

できるだけ多くの人が発言しやすいように配慮しなければならないが，ときには緊急に自分が抱えている問題を解決したい人もいる。それが全体の興味と異なる場合には，個人的に相談しあえる時間を設けて解決しなければならない。また，検討会などで話題提供者になる場合，レジメづくりにこだわらず，気軽に発表してもらうことが必要である。自分のできる範囲で参加し，過大に非難されない経験の積み重ねが必要である。

3．スーパーバイザーとしての児童精神科医の役割

児童精神科医は，学校精神保健において，どのような役割を担うことができるのであろうか。「児童（青年）精神科」という正式な診療科

名が承認されていないわが国の現状では，人的資源としての児童精神科医を十分に確保することは容易ではない。そこで，すでにいくつかの県で試みられているように，複数の学校からなる学校群を担当する精神科医が，学校医，教職員，関連職種の専門家などとの連携を進めていくことになる。

学校精神保健に児童精神科医やサイコロジストなどの外部の専門家がかかわる場合，次の事柄に留意しておかなければならない。

①学校という「場」をよく知ることが必要である。学校の状況，教育のシステムをよく知り，特に校長，教頭をはじめとする教職員の人間関係をよく知ったうえでなければ，学校へのかかわりは上滑りしてしまう。専門家との重要なパイプとなる養護教諭の学校における位置づけと他の教師との連携のあり方など，学校という場にかかわる全ての人々のダイナミズムを無視しては，学校精神保健活動は機能しない。

②学校は教育者のホームグラウンドであることを再認識する必要がある。医療モデルに熟達した児童精神科医は，えてして学校という場においても医療モデルをそのまま持ち込もうとしてしまう。ゲストとしての礼儀と謙虚さが求められ，医療モデルとは異なる具体性を持った新たなコンサルテーション技術が必要となる。

③専門家が学校に介入する場合，次のような構造，目的がある。

　a．ケース管理：ある子どものよりよい治療のあり方を求めて，情報を得るために学校と接触することが必要になる場合は多い。教職員との話し合いを始める場合，その最初の出会いにおいてはさまざまな抵抗が生ずる。専門家の権威に対する教職員の反応であったり，魔術的効果の期待かもしれない。大切なことは，教職員の子どもに対する判断と理解を十分に評価し，解決の道を見いだすための努力を続けることである。

　b．学校精神保健コンサルテーション(学校相談)：ケース管理とは異なり，できるだけ多くの子どもたちの学校における心理学的環境の改善を目的にして，学校教職員とのかかわりを図るものである。話し合いのテーマは，多くの場合学校における不適応の問題が取り上げられるが，症例検討が繰り返しなされることもある。この場合，教師は子どもの問題を介して教師自身の個人的問題をのぞき込まれることに抵抗し，専門家に対する疑惑，恐れを感ずることがある。学校精神保健コンサルテーションの進行過程は，次の5つの段階がある。

第1段階：子どもの問題を介して，教師の個人的問題を専門家にのぞき込まれることに抵抗するが，そのような疑惑，恐れを感じないようなよい人間関係をつくりあげる。

第2段階：教師の不安，自責，失敗感，欲求不満，怒り，失望を減少させるように努力する。

第3段階：一方的な要請，教育方法への不用意な介入を慎み，教師との共同作業としての第一歩を踏み出す。

第4段階：子どもの変化を慎重に観察して，新しいアプローチのためのスモール・ステップを見いだし，子ども同士の人間関係の中で適切に評価する。

第5段階：教師が，専門家のコンサルテーションから自立する。

　c．児童精神医学的訓練：教師が子どもたちのさまざまな行動をよりよく理解し，適切に評価しうるために，児童精神医学的知識を講義し，行動観察の仕方について検討する。

　d．ボランティアとしての参加：学区に住む専門家が，一般市民または保護者の一人としてボランティア活動に参加することによって学校とのかかわりを持つことがある。

4．地域関連機関との連携

学校精神保健においては，教育相談所，児童相談所，精神保健福祉センター，保健所，警察

など他機関との連携が不可欠である。このようなさまざまな職種の専門家の連携を行う場合，異職種間のコミュニケーションの差異をよく知らなければならない。

　異職種間の連携において，最も大切なことは，職種によるさまざまなレベルにおける違いを認識し合うことである。組織，職業意識などの違いがあるが，まずコミュニケーションの違いをよく理解することが必要である。それぞれの職種の間で①コンテキストの違い，②言葉の意味の違い，③使用しているモデルの違いなどがあり，それらの違いを認識せずに議論していると，不愉快になるばかりで，不毛な議論になる危険性がある。

5．地域住民および関連団体との連携

　学校精神保健活動を有効に機能させるためには，前述した専門家・専門機関との連携にとどまるのではなく，地域の人々をはじめ，青少年育成会，スポーツ少年団など，地域におけるすべての人たちとの連携が不可欠である。学校を地域に開かれた場として最大限に活用し，生き生きとした学校教育が実践されるようにすることこそが学校精神保健の基本である。

第6章

学校伝染病

雪下　國雄（日本医師会常任理事）

I　学校伝染病
（感染症予防法と学校保健法）

　明治5（1872）年に現在の学制が敷かれて以来，学校が伝染病の集団発生の場にならないよう種々の努力がなされていたが，学校伝染病という名が出てくるようになったのは，明治31（1898）年に「学校伝染病予防および消毒法」という法律が制定されて以来のようである。この法律は，学校における集団生活の中で伝染病の感染拡大を防ぐ目的のために制定されたもので，治療については全く触れられていないものであった。

　また，一方では最近における感染症の発生の状況，保健・医療を取り巻く環境の変化等を踏まえ，総合的な感染症予防対策の推進を図るために，平成10（1998）年10月2日に「感染症の予防及び感染症の患者に対する医療に関する法律（感染症予防法）」が制定された。その結果，従来の伝染病予防法，性病予防法，後天性免疫不全症候群の予防に関する法律は廃止された。

　学校伝染病は当然この感染症予防法が適用さ

改正前		改正後	
第一類	コレラ 赤痢（疫痢を含む） 腸チフス パラチフス 痘瘡 発疹チフス 猩紅熱 ジフテリア 流行性脳脊髄膜炎 ペスト 日本脳炎	エボラ出血熱 クリミア・コンゴ出血熱 ペスト マールブルグ病 ラッサ熱 急性灰白髄炎 コレラ 細菌性赤痢 ジフテリア 腸チフス パラチフス SARS，天然痘	第一種「感染症の予防及び感染症の患者に対する医療に関する法律」〔平成10（1998）年法律第114号〕第6条に規定する一類感染症及び二類感染症とする。
第二類	インフルエンザ 百日咳 麻疹 急性灰白髄炎 ウイルス性肝炎 流行性耳下腺炎 風疹 水痘 咽頭結膜熱	インフルエンザ 百日咳 麻疹 流行性耳下腺炎 風疹 水痘 咽頭結膜熱 結核	第二種　飛沫感染するもので，児童生徒等の罹患が多く，学校において流行を広げる可能性が高い伝染病とする。
第三類	結核 流行性角結膜炎 急性出血性結膜炎 その他の伝染病	腸管出血性大腸菌感染症 流行性角結膜炎 急性出血性結膜炎 その他の伝染病	第三種　学校教育活動を通じ，学校において流行を広げる可能性がある伝染病とする。

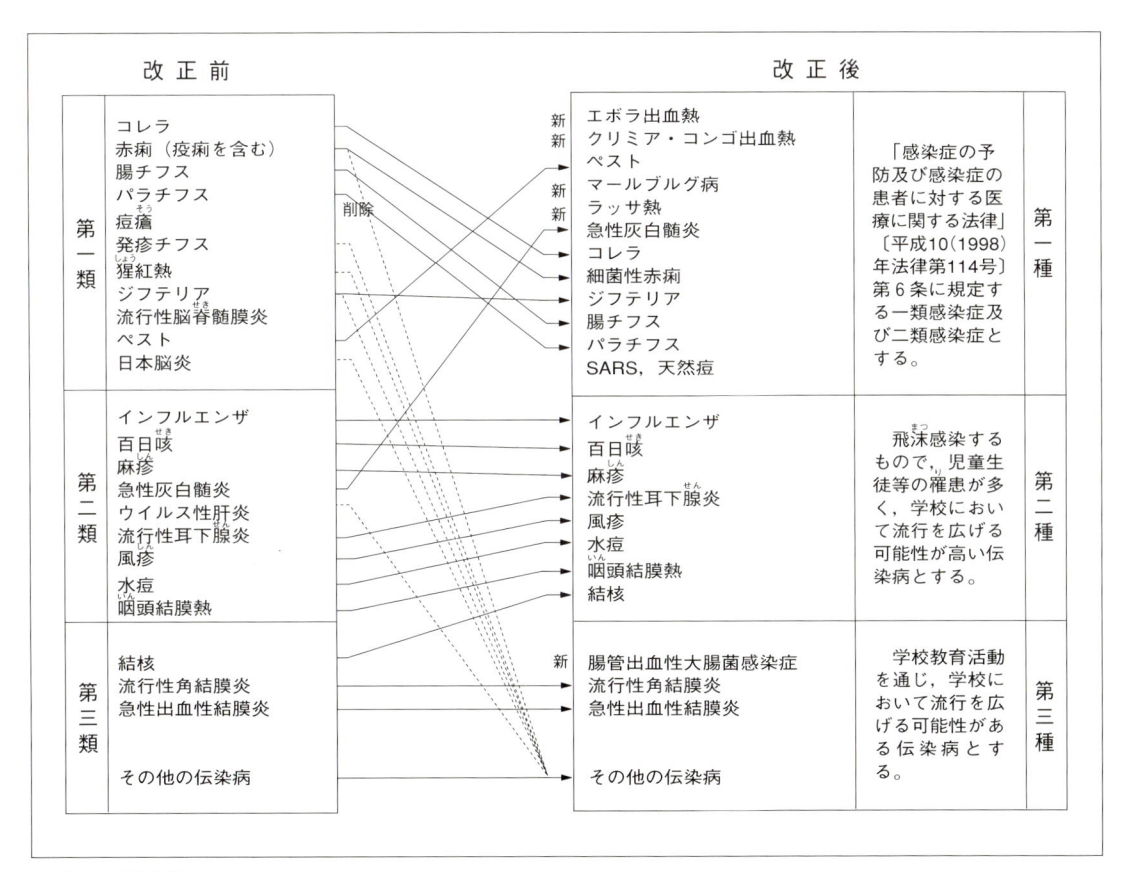

図1　学校伝染病

れるが，学校における保健管理の特異性を考慮し，特に留意する必要のある事項については，学校保健法（以下，法）ならびに同施行規則（以下，規則）で必要な事項を定めている。

1．学校伝染病の種類（規則第19条，図1）

第一種の学校伝染病は，感染症予防法第6条に規定する一類感染症および二類感染症を含んでいる。

第二種の学校伝染病は，飛沫感染するもので，児童生徒等の罹患が多く，学校における流行を広げる可能性が高い伝染病である。

第三種の学校伝染病は，学校教育活動を通じ，学校において流行を広げる可能性がある伝染病である。

第三種の「その他の伝染病」については，学校で流行が起こった場合にその流行を防ぐため，必要があれば校長が学校医の意見を聞き，第三種の伝染病として措置できる疾患であり，次のような疾患が想起される。

1) 条件によって出席停止の措置が必要と考えられる伝染病：溶連菌感染症，ウイルス性肝炎（A型肝炎），手足口病，伝染性紅斑，ヘルパンギーナ，マイコプラズマ感染症（異型肺炎），流行性嘔吐下痢症

2) 通常出席停止の措置は必要ないと考えられる伝染病：アタマジラミ，水いぼ（伝染性軟属腫），伝染性膿痂疹（とびひ）

「その他の伝染病」について例示したが，出席停止の指示をするかどうかは，伝染病の種類や地域，学校における発生・流行の状態等を考慮して判断する必要がある。これは，隣接する学校・地域によって取り扱いが異なると混乱を起こす可能性があるので注意を要する。都道府県，郡市区単位などで，教育委員会や医師会が事前に統一的な基準を定めておくことが必要である。

2．治ゆ証明書（表1）

学校伝染病に罹患し，治癒して再登校する場合，治ゆ証明書の提出を義務づけている自治体（学校）が多い。これは，担当の医師が各疾患の登校基準（登校停止期間）を考慮して記載するもので，その期間は欠席扱いとならない場合が多い。従来は，インフルエンザの場合，患者数も多く診断基準も一定でないために治ゆ証明書の提出を義務づけていない地域が多かったが，昨今では診断キットができて早期の判定が容易になったので，第二種学校伝染病としての出席停止期間の徹底，治ゆ証明書の提出義務がはっきりしてくるものと考えられる。第三種の「その他の伝染病」についても，治ゆ証明書の提出について混乱のないよう事前の申し合わせが必要である。

表1　治ゆ証明書

（学校提出用）	No．
治ゆ証明書	

学　校　名　　　　　　　小　　　学校
　　　　　　　　　　　　中

児童生徒氏名　　　　　　　（　年　組）

病　名　1．水痘　2．流行性耳下腺炎　3．風疹
　　　　4．麻疹　5．その他（　　　　　　）

発病年月日　　　年　　月　　日
治ゆ年月日　　　年　　月　　日

上記の疾病は治ゆしましたので登校してもさしつかえありません。
　　　　　　　年　　月　　日

医師住所

氏　名　　　　　　　　　　　印

II　出席停止と臨時休業

学校伝染病の蔓延対策としては，児童生徒等の出席停止と臨時休業がある。

出席停止は，法第12条で「校長は，伝染病にかかっており，かかっておる疑があり，又はかかるおそれのある児童，生徒，学生又は幼児があるときは，政令で定めるところにより，出席

を停止させることができる」と定めている。

臨時休業については，法第13条で「学校の設置者は，伝染病予防上必要があるときは，臨時に，学校の全部又は一部の休業を行うことができる」としている。

その詳細については，文部科学省令に定めるとしている（法第14条）。

1．出席停止の期間の基準

1) 第一種の伝染病にかかった者については，治癒するまで（規則第20条第1号）
2) 第二種の伝染病（結核を除く）にかかった者については，それぞれの伝染病ごとに定めた出席停止期間（2．参照）であるが，病状により学校医その他の医師において伝染のおそれがないと認めたときは，その限りではない（規則第20条第2号）
3) 結核および第三種の伝染病にかかった者については，病状により学校医その他の医師において伝染のおそれがないと認めるまで（規則第20条第3号）

2．第二種の伝染病（結核を除く）の出席停止期間（規則第20条第2号）

1) インフルエンザにあっては，解熱した後2日を経過するまで
2) 百日咳にあっては，特有の咳が消失するまで
3) 麻疹にあっては，解熱した後3日を経過するまで
4) 流行性耳下腺炎にあっては，耳下腺の腫脹が消失するまで
5) 風疹にあっては，発疹が消失するまで
6) 水痘にあっては，すべての発疹が痂皮化するまで
7) 咽頭結膜熱にあっては，主要症状が消失した後2日を経過するまで

3．その他の者についての出席停止期間

1) 第一種若しくは第二種の伝染病患者のある家に居住する者又はこれらの伝染病にかかっている疑いがある者については，予防処置の施行の状況その他の事情により学校医その他の医師において伝染のおそれがないと認めるまで（規則第20条第4号）
2) 第一種又は第二種の伝染病が発生した地域から通学する者については，その発生状況により必要と認めたとき，学校医の意見を聞いて適当と認める期間（規則第20条第5号）
3) 第一種又は第二種の伝染病の流行地を旅行した者については，その状況により必要と認めたとき，学校医の意見を聞いて適当と認める期間（規則第20条第6号）

現在の学校における伝染病の予防の状況を踏まえて，伝染病の予防に関する細目のうち，従来あった患者の使用する座席等の消毒等の予防措置を削除し，次項のみとした。

「学校においては，その附近において，第一種又は第二種の伝染病が発生したときは，その状況において適当な消毒方法を行うものとする」（規則第22条第3号）。

4．臨時休業の決め方

学校伝染病が多発し，そのさらなる蔓延を防ぐ重要な措置として，臨時休業がある。

臨時休業は，一般的には，欠席率が通常時の欠席率より急激に増加したり，罹患者が急激に多くなったときに，その状況と地域におけるその伝染病の流行状況等を考慮し，決定されるものであるが，それにはその規模により学級（学年）閉鎖と学校閉鎖が選択される。

どのような場合に臨時休業を行うべきかは伝染病の種類や発生地域，学校での発生や伝染の状況がさまざまで，一律に決めることが困難である。学校の設置者（校長等）により意見を求められた場合は，その学校伝染病の感染様式と疾患の特性，地域性等を十分に考慮し，地域の保健所や医師会の情報等も参考にして回答をする必要がある。

学校伝染病の発生に対して，その蔓延防止のために臨時休業が特に有効なのは，潜伏期が1〜2日と極めて短く，飛沫感染により伝播するインフルエンザの場合である。解熱後2日間の出席停止期間と，潜伏期の1〜2日を考慮する

と，3～4日の臨時休業で大変有効な場合が多い。学校側（保健主事〈主任〉，担任，養護教諭等）の児童生徒等の経過観察を十分に実施し，必要であれば延長するとよい。

Ⅲ 新しい感染症法(表2)

国内における感染症対策の強化を図るため，感染症予防法および検疫法の一部が改正された。

新たな国内における感染症対策としては，1．感染症類型の見直し，2．国による対応の強化，3．動物の輸入届出制度の新設，4．検疫との連携の強化等である。

感染症類型の見直しでは，従来の感染症予防法対象疾患一類の中に重症急性呼吸器症候群（SARS）と天然痘を追加したことと，四類感染症の中で，媒介動物の輸入制限，消毒，ねずみ等の駆除，物件に係る措置を講ずることができるものを新四類とし，従来通り発生動向調査のみを行う新五類感染症に分類した(図2)。

1．医師の届出

一類・二類・三類および四類感染症の患者または無症状病原体保有者，および新感染症にかかっていると疑われる者を医師が診断したときは，ただちにその者の氏名，年齢，性別等を，五類感染症の患者については，年齢，性別等を7日以内にもよりの保健所長を経由して都道府県知事に届け出なければならない。

新感染症：人から人へ伝染すると認められる疾病であって，既知の感染症と症状が明らかに異なり，その伝染力および罹患した場合の重症度から判断して，危険性がきわめて高い感染症

指定感染症：既知の感染症の中で，一～四類に準じた対応が生じた感染症（政令で指定，1年限定）

2．結核患者の届出

排菌の有無にかかわらず，結核の治療を必要とする患者が出たとき，医師は2日以内に保健所へ届け出る（結核予防法第22条）。また，結核患者が入院した場合，病院の管理者は7日以内

表2 感染症法対象疾患

1 類	エボラ出血熱，クリミア・コンゴ出血熱，ペスト，マールブルグ病，ラッサ熱 追加……重症急性呼吸器症候群（病原体がSARSコロナウイルスであるものに限る。），痘そう（天然痘）
2 類	急性灰白髄炎，コレラ，細菌性赤痢，ジフテリア，腸チフス，パラチフス
3 類	腸管出血性大腸菌感染症
新4類	ウエストナイル熱（ウエストナイル脳炎を含む），エキノコックス症，黄熱，オウム病，回帰熱，Q熱，狂犬病，コクシジオイデス症，腎症候性出血熱，炭疽，つつが虫病，デング熱，日本紅斑熱，日本脳炎，ハンタウイルス肺症候群，Bウイルス病，ブルセラ症，発しんチフス，マラリア，ライム病，レジオネラ症 追加……E型肝炎，A型肝炎，高病原性鳥インフルエンザ，サル痘，ニパウイルス感染症，野兎病，リッサウイルス感染症，レプトスピラ症 変更……ボツリヌス症（「乳児ボツリヌス症〈4類全数〉」を変更）
新5類	（全数）アメーバ赤痢，ウイルス性肝炎（E型肝炎及びA型肝炎を除く。），クリプトスポリジウム症，クロイツフェルト・ヤコブ病，劇症型溶血性レンサ球菌感染症，後天性免疫不全症候群，ジアルジア症，髄膜炎菌性髄膜炎，先天性風しん症候群，梅毒，破傷風，バンコマイシン耐性腸球菌感染症 （定点）咽頭結膜熱，インフルエンザ（高病原性鳥インフルエンザを除く。），A群溶血性レンサ球菌咽頭炎，感染性胃腸炎，急性出血性結膜炎，クラミジア肺炎（オウム病を除く。），細菌性髄膜炎，水痘，性器クラミジア感染症，性器ヘルペスウイルス感染症，手足口病，伝染性紅斑，突発性発しん，百日咳，風しん，ペニシリン耐性肺炎球菌感染症，ヘルパンギーナ，マイコプラズマ肺炎，麻しん（成人麻しんを含む。），無菌性髄膜炎，メチシリン耐性黄色ブドウ球菌感染症，薬剤耐性緑膿菌感染症，流行性角結膜炎，流行性耳下腺炎，淋菌感染症 追加……バンコマイシン耐性黄色ブドウ球菌感染症（全数），RSウイルス感染症（定点） 変更……尖圭コンジローマ（定点）（「尖形コンジローム」から変更），急性脳炎（ウエストナイル脳炎及び日本脳炎を除く。定点把握から全数把握に変更）

（注）従前の4類感染症は，媒介動物の輸入規制，消毒，ねずみ等の駆除，物件に係る措置を講ずることができる新4類感染症と，これまでどおり発生動向調査のみを行う新5類感染症に分けることとする。

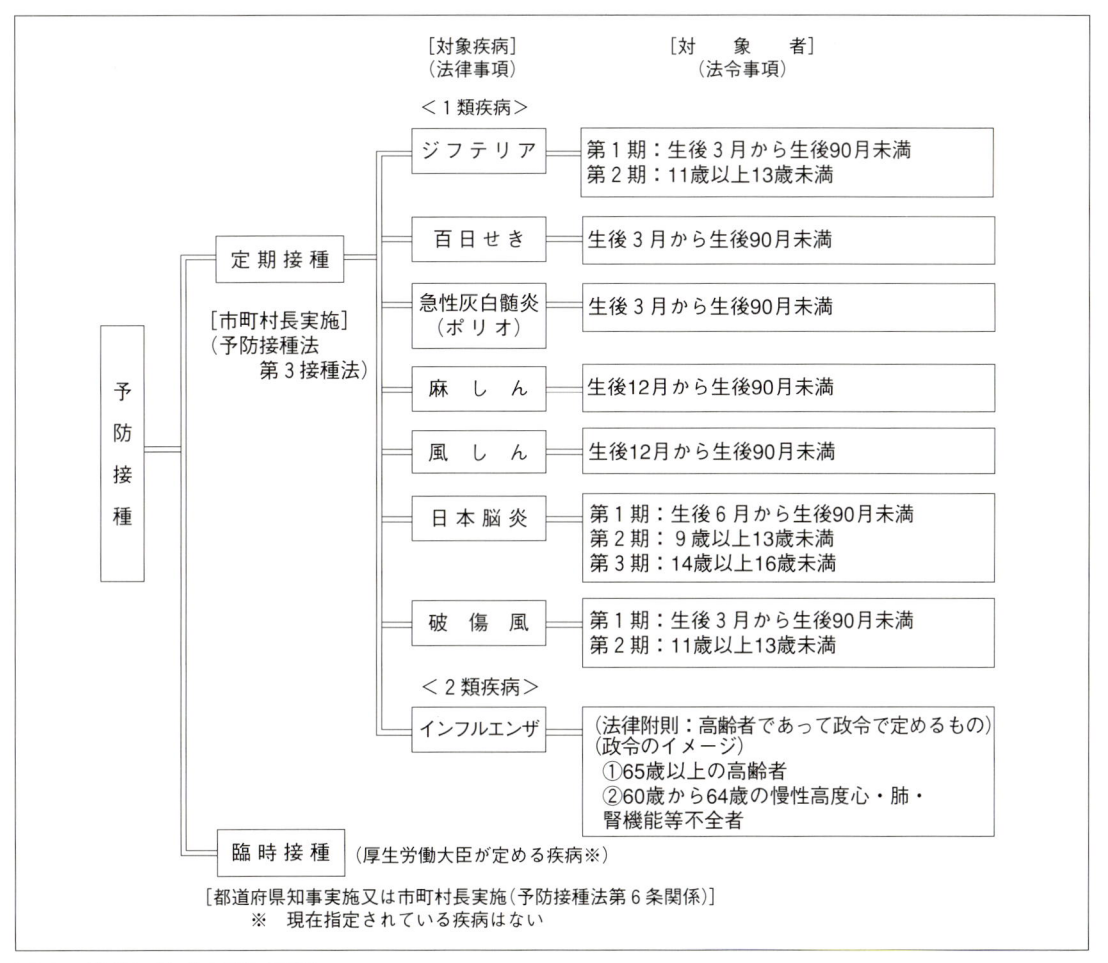

図2 法律に基づく予防接種について

```
                    [対象疾病]              [対象者]
                    (法律事項)             (法令事項)
                    
                    <1類疾病>
                    
               ┌── ジフテリア ── 第1期：生後3月から生後90月未満
               │                  第2期：11歳以上13歳未満
               │
               ├── 百日せき ── 生後3月から生後90月未満
               │
               ├── 急性灰白髄炎
               │   （ポリオ）── 生後3月から生後90月未満
       定期接種 │
               ├── 麻 し ん ── 生後12月から生後90月未満
       [市町村長実施]
       (予防接種法  ├── 風 し ん ── 生後12月から生後90月未満
        第3接種法)
               ├── 日本脳炎 ── 第1期：生後6月から生後90月未満
予防接種        │               第2期：9歳以上13歳未満
               │               第3期：14歳以上16歳未満
               │
               ├── 破 傷 風 ── 第1期：生後3月から生後90月未満
               │               第2期：11歳以上13歳未満
               │
                    <2類疾病>
               │
               └── インフルエンザ ──(法律附則：高齢者であって政令で定めるもの)
                                    (政令のイメージ)
                                     ①65歳以上の高齢者
                                     ②60歳から64歳の慢性高度心・肺・
                                        腎機能等不全者
       
       臨時接種 （厚生労働大臣が定める疾病※）
       [都道府県知事実施又は市町村長実施(予防接種法第6条関係)]
           ※ 現在指定されている疾病はない
```

に保健所に届け出る（結核予防法第23条）。

IV 予防接種

従来，児童・生徒等を対象として，学校でのインフルエンザの集団発生を防止することを目的として，インフルエンザワクチンの集団接種を実施していたが，その流行阻止の効果が明確でなかったことから，予防接種法の対象疾患から削除された。また，同じ法改正の中で，接種は努力接種となり，本人の意志を尊重するとともに，集団接種を廃止し，原則個別接種とした。

結核予防法に基づくツベルクリン反応検査とBCG接種が平成15（2003）年4月より廃止され，学校での集団予防接種は原則姿を消した。

インフルエンザによる高齢者の重症化・死亡が社会問題となり，従来の7疾患を集団感染予防に比重を置いた一類疾病として類型化するとともに，二類疾病として個人予防の積み重ねで集団の予防を図るものを類型化し，インフルエンザをこの中に位置づけた（図2）。

最近，予防接種が努力義務となり，個別接種に変わったほか，必要性の認識も希薄となったため，全ての疾病の接種率が低下し，種々の問題が起こっている。接種対象年齢は第Ⅰ期の接種を含め，全疾患90ヵ月（7歳半）までとなり学童期を含んでいるので，就学時学校健診時の適切な指導が大切である。

第 7 章

アレルギー疾患

1. アトピー性皮膚炎

野口　俊彦（のぐち皮膚科クリニック）

　アトピー性皮膚炎（以下AD）は乳幼児期に発症し、しばしば思春期〜青年期まで続く疾患である。その症状は慢性湿疹であり、アトピー皮膚（鳥肌だったような乾燥皮膚）がみられ、患者の年齢によって特徴的な臨床像を示し、症状は季節的に増悪と軽快を繰り返す。ADは家系的に発生し、遺伝的疾患であることが確かであるが、その遺伝形式はまだわかっていない。気道アトピー（喘息・アレルギー性鼻炎）をしばしば合併する。好発年齢が幼児期から青年期で、慢性に経過するため、学校保健の皮膚科疾患では重要な疾患である。

I　アトピー性皮膚炎の疫学

　ADが近年増えていると指摘されている。図1は、平成9（1997）年1月から平成10（1998）年9月までに当院を受診AD患者612名を年齢別に記したものである。0歳12名（2％）、1〜3歳144名（24％）、4〜6歳126名（20％）、7〜9歳51名（8.3％）、10〜12歳36名（5.9％）、13〜15歳50名（8.2％）、16〜18歳46名（7.5％）、19〜22歳50名（8.2％）であり、学齢期前が45％で、AD患者の大半は保育園児から幼稚園児であることがわかる。小学校高学年でAD患者数は減少するが、中・高校生で第二のピークを迎えており、近年成人型ADの増加が指摘されているのが、このデータから読みとれる。30歳以上のADは少なく、成人型ADのほとんどは20歳台で軽快していると考えられる。

　五十嵐らによる小中学校皮膚科定期健診の報告[1]では、ADの罹患率は小学1年生で8.6％、中学1年生で6.5％で、小学1年生のほうが高く、中学1年生の罹患率は平成2（1999）年では4.5％であったのが、平成13（2001）年には6.4％と増加していると指摘している。

　成人型ADが増加してきているということは、以前筆者らが行った乳幼児ADの追跡調査の結果[2,3]からもわかる。すなわち、平成2年に行った0〜5歳のADの5年後軽快率は41.1％、10年後の軽快率は54.8％であった。一方、昭和36（1961）年に太藤らが行った乳児湿疹の8〜9年後追跡調査[4]では軽快率が92％であった。軽快率が低下しているということは、ADが治りにくくなっているということであり、成人型ADが増加していることと密接に絡んでくる。

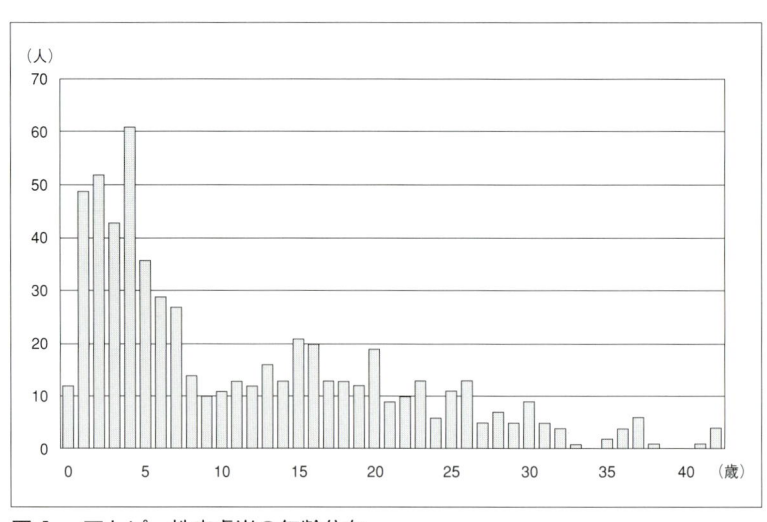

図1　アトピー性皮膚炎の年齢分布
当院のAD患者612名の年齢分布、5歳頃と15〜16歳頃に2つのピークがある

Ⅱ　アトピー性皮膚炎の診断

ADの診断は，性別，年齢にかかわらず，その臨床症状から比較的容易に診断されているが，必ずしも正しくなされていない。今日までいくつかの診断基準が発表されているが，現在では平成6（1994）年に日本皮膚科学会で作成されたものが重要である[5]（表）。この診断基準によると，ADは「増悪・寛解を繰り返す，瘙痒のある湿疹病変であり，患者の多くはアトピー素因をもつ」とされている。以下，診断基準について解説する。

1．瘙痒

瘙痒は多くの皮膚疾患にみられる症状であるが，瘙痒あるいはその証拠である搔破痕を認めないADは存在しない。ADにおいて瘙痒はしばしば睡眠が障害されるほど顕著であり，また瘙痒があるために，落ち着きのない子とみられてしまうこともある。

2．特徴的皮疹と分布

皮疹は湿疹性病変であり，急性の症状と慢性の症状が混じていることが多い。分布は左右対称性であることが多く，間擦部に多い。

3．年齢による症状

1）乳児期

他の時期のものと著しく異なり，湿潤性であることが特徴である。その症状は顔面，頬部～耳前部，頭部にかけて，湿潤性の紅斑上に丘疹，漿液性丘疹，痂皮および落屑を生じ，しかも非常に瘙痒が強い。さらにこのような皮疹が頸部，肩，体幹，四肢など広範囲に生ずることが少なくない。

2）幼児期～小児期

特徴的な乾燥肌（アトピー皮膚，毛孔一致性の角化性丘疹，鳥肌様あるいは梨の皮状と表現される）がはっきりしてくる。角層水分保持能が低下しており，組織学的に炎症細胞浸潤があり，易刺激性（少しの刺激で炎症を起こしやすい）である。

頸部，肘窩・膝膕，肩周囲，臀部などに症状が限局してくる（図2）。搔破による湿疹化が主体となり，耳切れも生じる。ズック靴皮膚炎や砂かぶれなど生活に密着した皮膚病変が多くなってくる。

3）思春期から成人期

乾燥性の苔癬化局面が肘窩・膝膕のほか，胸部や肩など広い範囲に生じ，小児期に比し痒疹性丘疹が少なく，より乾燥性で瘙痒や皮疹が長く持続するため，二次的に皮膚肥厚，浸潤，色素沈着や色素脱失などを伴う。また，成人型ADに好発する特異な症状として，顔面の酒皶様皮膚炎と頸部のポイキロデルマ様皮膚変化がある。

このように各年齢でそれぞれ特徴はあるものの，いずれの時期でもADとして診断できる共通所見が存在する。あくまでも皮疹の主体は湿疹性病変であり，しばしばびまん性紅斑を伴い，皮疹の分布は左右対称性であることが重要である。さらにこのような皮疹が慢性・反復性に経過することが特徴で，適切な治療によっていったん軽快しても，再燃することがある。

4．除外診断

1）接触皮膚炎

接触源が付着した部位に一致して湿疹性病変を生じるもので，乾燥症状や苔癬化症状が強く，慢性の経過をとる慢性接触皮膚炎はADと鑑別が難しい。また，治療のために処方された外用薬や日用品による接触皮膚炎が合併することもあり，純然たるAD病変か，接触皮膚炎の合併か鑑別が重要である。

2）脂漏性皮膚炎

一般に思春期以降に，頭部，顔面，前胸部，上背部などの脂漏部位を中心として，あまり瘙痒の強くないやや黄色がかった紅斑を認める。乳児の脂漏性皮膚炎ではADとの鑑別が問題になる。

3）単純性痒疹

体幹・四肢に好発する強い瘙痒を伴う半米粒大以上の小結節で，慢性の搔破により苔

表　アトピー性皮膚炎（AD）の定義・診断基準

アトピー性皮膚炎の定義（概念）
「アトピー性皮膚炎は，増悪・寛解を繰り返す，瘙痒のある湿疹を主病変とする疾患であり，患者の多くはアトピー素因を持つ」
アトピー素因：①家族歴・既往歴（気管支喘息，アレルギー性鼻炎・結膜炎 アトピー性皮膚炎のうちいずれか，あるいは複数の疾患），または②IgE抗体を産生しやすい素因

アトピー性皮膚炎の診断基準
1．瘙痒
2．特徴的皮疹と分布
　①皮疹，湿疹病変
　　●急性病変：紅斑，湿潤性紅斑，丘疹，漿液性丘疹，鱗屑，痂皮
　　●慢性病変：浸潤性紅斑・苔癬化病変，痒疹，鱗屑，痂皮
　②分布
　　●左右対側性　好発部位：前額，眼囲，口囲・口唇，耳介周囲，頸部，四肢関節部，体幹
　　●参考となる年齢による特徴
　　　乳児期：頭，顔にはじまりしばしば体幹，四肢に下降。
　　　幼小児期：頸部，四肢屈曲部の病変。
　　　思春期・成人期：上半身（顔，頸，胸，背）に皮疹が強い傾向。
3．慢性・反復性経過（しばしば新旧の皮疹が混在する）：乳児では2カ月以上，その他では6カ月以上を慢性とする。
上記1．2および3の項目を満たすものを，症状の軽重を問わずアトピー性皮膚炎と診断する。そのほかは急性あるいは慢性の湿疹とし，経過を参考にして診断する。

除外すべき診断：
　●接触皮膚炎 ●脂漏性皮膚炎 ●単純性痒疹 ●疥癬 ●汗疹 ●魚鱗癬 ●皮脂欠乏性湿疹 ●手湿疹（アトピー性皮膚炎以外の手湿疹を除外するため）

診断の参考項目
　●家族歴（気管支喘息，アレルギー性鼻炎・結膜炎，アトピー性皮膚炎）
　●合併症（気管支喘息，アレルギー性鼻炎・結膜炎）●毛孔一致性丘疹による鳥肌様皮膚 ●血清IgE値の上昇

臨床型（幼小児期以降）
　●四肢屈側型 ●四肢伸側型 ●小児乾燥型 ●頭・頸・上胸・背型 ●痒疹型 ●全身型
　●これらが混在する症例も多い

重要な合併症
　●眼症状（白内障，網膜剥離など）：とくに顔面の重症例 ●カポジー水痘様発疹症 ●伝染性軟属腫 ●伝染性膿痂疹

癬化が強まり，ADと鑑別が難しい場合がある。

4）疥癬

ヒゼンダニ感染により生じる。指趾間や陰部の紅色丘疹，結節が特徴で，体幹・四肢にも小丘疹や水疱を認める。皮疹部から卵や虫体を検出すれば診断の決め手になる。

5）汗疹

発汗の多い夏季に表皮内汗孔が閉塞されることにより生じ，特に乳児に好発する。

6）魚鱗癬

全身，特に四肢伸側の皮膚が著明に乾燥し鱗屑が目立ち，魚のうろこ状になる。冬季に症状が増悪する。

7）皮脂欠乏性湿疹

皮脂の減少する老人にしばしばみられ，冬季に症状は増悪する。角層表面に亀裂がみられ，搔破により悪化する。

Ⅲ　治療

ADの治療では薬物療法，スキンケア，生活指導による原因・悪化因子の検索の三つが重要である。

1．薬物療法

ステロイド外用薬，抗ヒスタミン薬・抗アレルギー薬の内服が主要な治療と位置づけられて

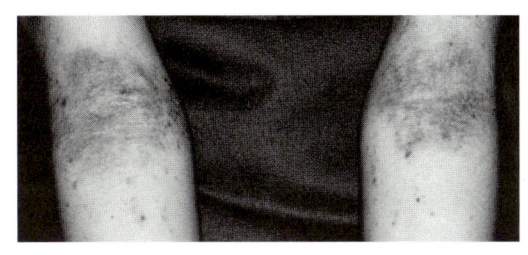

図2　6歳肘窩の皮疹
搔破痕，紅色丘疹伴う紅斑が肘窩に限局してみられる

いる。ステロイド外用薬を使う際には，強度・剤型は個々の皮疹の性状と年齢によって選択し，使用量をモニターしていく。1〜2週間をめどに重症度の評価を行い，治療薬を変更する。症状により，ステロイドを含まない外用薬にする。ステロイド外用薬の副作用は局所的なものが主で，毛細血管拡張，皮膚萎縮，感染症（細菌，真菌，ウイルス感染）の誘発および増悪であり，外用を続けていて症状が改善しないときは副作用を念頭に置く必要がある。

2．スキンケア

皮膚の清潔と保湿が重要である。皮膚の清潔という面では，汗や汚れはすみやかに落とすことが大事であるが，その際は痒みを起こしやすい皮膚なのでこすらないようにする，熱い温度の湯を避ける，入浴後のほてりを起こさせる沐浴剤・入浴剤は避けるなどの工夫をする。

皮膚の保湿では，入浴・シャワーや手洗い後など濡れて乾いた後は，病変部には指示された軟膏，他の部位には皮膚を乾燥させないように保湿剤を用いる。

ほかに，室内を清潔にし，適温・適湿に保つ，新しい肌着は水洗いをすることが大事である。

3．原因・悪化因子の検索

治療・スキンケアにより，皮膚のバリア機能を高めて湿疹の準備状態を軽快させたとしても，擦れる刺激や大量の抗原暴露により，易刺激状態が亢進され，湿疹反応を惹起させることになってしまう。

どんな生活習慣を行っているかということを把握して，問題を見つけだし，指導していくことが重要である。増悪の仕方は，接触皮膚炎的な要素による局所的な増悪，食事などによる増悪（アレルギーを伴わない増悪もある），温熱・寒冷変化などによる発汗や皮膚の乾燥に伴う増悪，二次的に細菌が感染するためによる増悪，日光による増悪，ストレスによる増悪等，さまざまな原因がある。問診には十分な時間をかけ，必要によっては細かな問診票を使って，見つけだしていく。

Ⅳ　心身医学的側面

ADは慢性に経過する疾患で，痒みなどの症状，皮膚症状という他人に見えるという劣等感による対人関係のゆがみ，治療のために行われるさまざまな日常生活の規制に基づく精神的ストレスがある。さらに現在の治療あるいは予後に関する不安が加わる。ADの治療においては，治療の三本柱とともに精神的ケア（あたたかく見守っていく姿勢）も念頭に置く必要がある。

幼児期から青年期にかけて慢性・反復性に経過し，なかなか治りにくい疾患であるが，30代以降のADはほとんどなく，いずれ寛解することを患者に理解させ治療していくことが重要である。

[文献]
1) 五十嵐俊弥，内田　勉，大川　章，他：前橋市における小・中学校皮膚科定期健診．日本臨床皮膚科医学会雑誌　2003；75：44-53.
2) 野口俊彦，向井秀樹，西山茂夫，他：乳幼児アトピー性皮膚炎・乳児脂漏性皮膚炎の追跡調査．日本皮膚科学会雑誌　1992；102：377-384.
3) 野口俊彦，向井秀樹，勝岡憲生：乳幼児アトピー性皮膚炎の追跡調査．アレルギー　1996；45：1990.
4) 太藤重夫，田村勝義，堀江隆人：湿疹性病変に関する統計的観察．皮膚科紀要　1970；56：1-4.
5) 日本皮膚科学会学術委員会：アトピー性皮膚炎の定義・診断基準．日本皮膚科学会雑誌　1994；104：68-69.

第7章

アレルギー疾患

2. 気管支喘息

黒沢　元博（群馬アレルギー再生臨床研究センター）

近年，小児の気管支喘息（以下，喘息）患者数は増加し，学童期の喘息の有病率はおよそ7％である。喘息児にとっても，学校は大切な集団生活の場で，喘息児が快適な学校生活を過ごすには，学校医の適切な指導が必要である。

I　学校におけるアレルゲン対策

1．清掃当番

多くの喘息児は，室内塵やダニに対する特異的IgE抗体を持つ。したがって，ホコリの多い場所の清掃は，喘息児には好ましくない。清掃も学校生活における大切な活動であるが，喘息児にホコリの多い場所の清掃当番があたる場合は，洗面所などの適当な場所に変更するように考慮する。

2．動物飼育

ハムスター，モルモット，ウサギ，鳥などを飼育する場合は，教室と離れた場所に飼育室を設ける。喘息児には，動物の飼育係の役は免除すべきで，他の仕事を割り当てる配慮が必要である。

3．校内喫煙

学校内は禁煙であることが望ましい。学校職員の喫煙を禁止し，PTAにも理解を求めるべきである。

4．化学物質過敏症

室内建築に用いられるホルムアルデヒドなどの防腐剤や揮発性化学物質により，頭痛，呼吸困難，倦怠感，不安感などの症状をみることがある。シックハウス症候群と呼ばれ，近年注目されつつあり，対策が必要である。

5．給食

食物が原因で喘息発作だけがみられることはまれである。食物摂取後30分以内に，口唇周囲，顔面や全身の蕁麻疹とともに喘鳴が出現し，さらに重篤な場合には意識消失を伴ったアナフィラキシーショックとなる。原因食物としては，卵，牛乳，ゼラチンのほか，ソバ，ピーナッツ，キウイやエビ，カニなどの甲殻類が多い。

当該食物を摂取しただけでは無症状だが，その後数時間以内に運動すると全身性のじんま疹や喘息発作，重篤な場合は意識消失を起こすことがある。食物依存性運動誘発アナフィラキシーと呼ばれ，後述する適切な対応が必要である。

食物アレルギーを持つ児童がいる場合は，給食を残しても好き嫌いやわがままでないことを他の児童に理解させる指導も必要である。

II　学校活動における注意点

喘息児が学校活動で問題になることは，運動誘発喘息と食物依存性運動誘発アナフィラキシーである。

1．運動誘発喘息とその対策

運動の途中や運動後における運動誘発喘息は，喘息児のおよそ半数が経験している。そのため，過度に運動制限が加えられたり，行事への参加が規制されたりすることもあるが，適切な対応ではない。

運動誘発喘息は決して危険な症状ではなく，喘息児に，あらかじめその対策を十分に教えることが重要である。冬の朝のマラソンが最も発作を誘発しやすい。また，マット運動や跳び箱などはホコリを吸入しやすいので，注意するように指導する。実際には，①運動前は十分な準備体操を行い，ウォーミングアップをしてから，徐々に強い運動に移行すること，②寒い日はマ

スクを着用すること，③携帯用クロモグリク酸ナトリウム吸入を運動直前に行うこと，などを指導する。一般生徒も喘息という病気を正しく理解し，喘息児に対する偏見や差別意識を持たないようにする指導が教育現場で行われるべきである。

2．食物依存性運動誘発アナフィラキシー

原因食物としては，イカ，タコ，カニ，エビ，アワビなどの甲殻軟体類や小麦製品が多い。運動中や通学途上で急激に意識消失をきたした場合は，てんかんや心臓疾患のほかに本症との鑑別も念頭に置くべきである。

過去にエピソードがある喘息児に対しては，原因食物を同定すること，原因食物の摂取を避けること，もし摂取した場合は最低3時間ほどは運動しないこと，などを指導することが大切である。

Ⅲ　校外活動における注意点

修学旅行，課外授業などの集団行動への参加に関しては，できる限り参加する方向で指導する。その際，あらかじめ喘息児に行事参加についての注意と喘息発作の予防法を理解させることが大切である。

外泊時の喘息発作の原因としては，寝具のホコリやダニが問題である。枕投げや布団の上で遊ぶことを禁止する。ソバアレルギー児においては，同室者のソバ枕の使用を禁止する。夏季合宿では，キャンプファイヤーや花火を行うことが多いが，喘息児は煙を吸わないように指導する。

修学旅行先で喘息発作が起きた際，最寄りの医療機関で適切な処置を受けるため，主治医の病状記録を持参させるように指導する。ピークフローのモニタリングを行っている喘息児では，ピークフローメーターを持参させ，活動や服薬の目安とする。喘息発作が起きた場合は，軽い発作であれば持参した薬を服用して経過をみる。服薬後30〜60分しても呼吸困難が増強する場合は，最寄りの医療機関を受診する。

Ⅳ　学校における予防接種

喘息児においても，ワクチン接種は積極的にすべきである。現在，学齢期に行われる勧奨接種は，小学校入学時のツベルクリン（PPD）反応とBCG，小学4年生の日本脳炎Ⅱ期，6年生の二種混合，中学校入学時のPPD反応とBCG，中学2年生の風疹，3年生の日本脳炎Ⅲ期である。

近年，ワクチンの精製技術が進み，副反応の原因になりやすいゼラチンが除去された。それ以降は，ワクチン接種後の副反応はまれとなった。しかし，抗生物質の添加はまだ残った状態で，抗生物質に強い反応を示す喘息児では注意が必要である。また，多種のアレルゲンに陽性反応を示す喘息児においては，ワクチン接種に際して，100倍あるいは10倍希釈ワクチンによる皮膚テストを行うべきである。ワクチン皮膚テストが強陽性の場合はワクチン接種を中止するが，陽性者に接種する場合は，15〜20分ごとに100倍希釈液0.05mL，10倍希釈液0.05mL，原液0.05mLずつを増量して規定の0.5mLに達する分割接種法が安全である。

Ⅴ　登校と学習

喘息児は，夜間発作のために寝不足となったり，医療機関を受診することで学校に遅刻したり欠席したりすることがある。また，運動会やマラソン大会に参加できなかったり，校外学習の宿泊先で喘息発作を起こし，帰宅することもある。こうしたことが重なると，交流が希薄となり，徐々に不登校になることもある。

喘息発作の際，登校が可能か否かは，喘息児の重症度と発作の程度で決めるべきではあるが，喘息児本人が登校できると判断する場合は，積極的にそれを支持すべきである。ときに発作が悪化して早退せざるを得なくなった際は，学校医を含め，学校関係者と家族の適切なバック

アップが必要である。

　小児喘息が寛解治癒するまでには，長い治療期間が必要である。喘息児は，喘息と共存しながら学校生活を送らねばならない。喘息児が安心して意欲的に学校生活を送れるように，学校関係者と一般児童や生徒が喘息という疾患を理解することが必要である。また，喘息児が安全で快適な学校生活を送れるように，家庭と学校，親と教師，そして主治医と学校医を含めた連携体制の重要さを認識すべきである。その体制をつくる上で，学校医の役割は大きい。

第8章

スポーツ医学，スポーツ外傷・障害

富永　孝（神奈川県医師会理事）

　昭和20年代から40年代にかけて，日本人は貧困により生活水準が低下し，栄養摂取量の不足が原因で，母体はもちろんのこと子どもの身体発育など，国民の健康水準は世界的にみても良好な状態ではなかった。

　そこで厚生省(当時)は，第一次国民健康づくり対策〔昭和53(1978)年度〕を打ち出し，日本経済の発展とともに，国民の疾病予防や健康づくりの推進にも一定の成果を上げた。その結果，それまで小児整形外科領域においてクローズアップされていた先天性股関節脱臼，特発性脊柱側弯症，内反足などが著しく減少していった。しかし厚生省は，生涯にわたる国民健康づくり方針にしたがって，「二次予防」に重点を置いた取り組み以外に，現在は健康を増進し，発病そのものを予防する「一次予防」を重視した新たな健康づくり対策を推進しつつある。

　国民のスポーツに対する関心も年とともに高まり，スポーツも盛んになってきた。そしてスポーツの多様化とともに，スポーツによる外傷・障害が増加しはじめた。スポーツ医学が一握りのスポーツ選手のみを対象とした時代は終わり，いまや国民一人ひとりの健康・体力・生活の質的向上を，身体活動を通じて実現するための医学となっている。

　不適切なトレーニングや「体の使いすぎ」などにより種々の障害に陥り，取り返しのつかない疾病に一生つきまとわれ，ときには運動中の突然死などの悲劇は日常しばしば新聞紙上を賑わしている。スポーツは心身両面の健康増進を目的とし，生涯元気に楽しい生活を送ることに役立つものでなければならない。その中でスポーツ障害は，早期発見，早期治療が最も要求される。

　本章では学校現場で活躍する学校医のため，スポーツにおいて頻度の高い外科系の外傷・障害，内科系の障害・疾病，関連する医学知識を取り上げ，適切に対応できるように解説した。外科を専門に扱う近隣の整形外科医や外科系，内科系のスポーツ医と連携を取るときの指針として，大いに活用していただきたい。

I　成長期とスポーツ障害

　最近は「うさぎ跳びは百害あって一利なし」と警告されている。うさぎ跳びによる腓骨の疲労骨折，膝の半月板損傷，膝蓋靭帯炎などの発生が指摘されているからである。同じ理由で，ウェイト・トレーニングではフル・スクワットを避けて，ハーフ・スクワットやベンチプレスをして欲しい。いずれにせよ，基礎体力の養成のためのウェイト・トレーニングをするときには，十分にストレッチなどの準備運動をすることを忘れないことである。また，個人個人による体力技術，コンディションも考慮し，画一的にならないようにすることも大切である。

　少年野球肩は，上腕部の近位（肩の関節部）にある成長軟骨と呼ばれる部分が損傷して起こるもので，小学校高学年から中学1年生くらいまでの男子に多く，投球時の痛みを訴える。特に速いボールを正確に投げることが求められる投手や捕手によく起こる。治療は安静が一番である。筋肉トレーニングを積み，正しい投球フォームを身につけることから再出発すべきである。また試合量，投球数の制限，変化球の投球禁止なども大切である。

　成長期の肥満男児に股関節の痛みや関節可動域の制限がみられたら，大腿骨頭すべり症を疑

いたい。初期には膝関節に痛みがみられるなど、レントゲンでもはっきりしないことが多い。必ず一度は整形外科専門医を受診させるべきである。

膝の下部が前方にとび出していて、レントゲン上で成長軟骨の一部が不規則な状態になっているオスグート病は有名である。これは11～12歳の成長期の男子に多い障害であるが、女子にもまれにみられる。急激な骨の成長による筋、腱の成長とのアンバランスから、腱に対する牽引力負荷増大によって起こる。バレーボール、サッカー、バスケットボールの選手に多い。無理をすると脛骨粗面部の分断を生じることがあるので、痛みのあるときはスポーツを休ませることが肝心である。

小学生で踵に痛みを訴えることがある。このとき軽い腫脹があり、レントゲン所見で踵骨の後方にある成長軟骨の中心部の影が濃くなっている。踵には上下反対方向に引っ張り合う二つの腱、すなわちアキレス腱と足底筋腱がついているが、繰り返し刺激を受けると踵骨骨端炎といわれる病気になる。激しい運動、体重の急激な増加、靴が合わないことなどが原因として考えられる。安静と足底板をつけたりして、徐々にスポーツに復帰させればよい。

腰椎分離症は遺伝によるものもあり、症状のないものがほとんどである。近年の青少年のスポーツ人口の増加、スポーツ種目の低学年化により、特に成長期の腰椎に繰り返される強い後屈、ねじりの運動から下部腰椎に応力が集中して、疲労骨折を起こし、分離症が発生する。症状が強くなると下肢痛やしびれ感を伴う。柔道、ラグビーなどの選手には約20～35％の頻度でみられる。治療はスポーツ用軟性コルセット、運動療法として腹筋の強化、背筋のストレッチなど、腰椎を支えている筋肉を強化する。分離症が起きると、骨癒合までかなり時間を要する。体育の授業も5～6カ月休むことにより治癒することが多い。

野球のやり過ぎで起きるスポーツ障害に野球肘がある。肘の痛みを訴え、内側が腫れ、レントゲンでも上腕骨の骨端に異常が認められる。投球練習を休まなければならない。進展すると手術も必要となるため、投球練習の量（投球回数）や方法（変化球の禁止）に気をつけないと思わぬ結果になる。

Ⅱ　スポーツ外傷

「RICE」とは、スポーツ現場での救急処置の頭文字を並べたもので、最も大切な処置の一つである。Rはrest（安静）、Iはice（冷却）、Cはcompression（圧迫）、Eはelevation（挙上）のことで、この処置が今後の治療成績を左右する。試合や練習には、常にアイスボックス、ビニール袋など持参できるよう、日ごろから準備をしておくことが望ましい。また、現場ではまず「RICE」を確実に実行し、それから整形外科などのスポーツ医を受診するように心がけていただきたい。

ラグビー、野球、アメリカンフットボールなどのコンタクトスポーツで転んだり、衝突したりして、頭を打って瞬時に気を失うことがある。しかし、本人は長いこと意識を失っていたかのように思って心配する。これは頭部打撲による脳しんとうの症状で、外傷性健忘症といい、意識障害とは区別する。プレーは中断し、休ませる。回復を得られず、むしろだんだんぼんやりし、嘔吐するようなら、脳神経外科へ送るべきである。また、1分以上の意識喪失を呈したり、健忘の時間が1時間以上続いたときにも受診を勧めるべきである。

バレーボール、バスケットボール、野球などの球技で突き指することが多い。突き指ぐらいといって軽くみられがちだが、ときには指骨の骨折、脱臼や指伸筋腱が付け根で切れていたりすることもある。これは指の末節関節の伸展ができなくなるマレットフィンガーで、ただちに整形外科専門医に受診すべきである。腱断裂は早期に固定することで、大部分が手術をしない

で治癒する。骨折を伴うときは，経皮的に鋼線で簡単に固定する。

　膝の外傷で最も頻度が高い半月板断裂の多くは，膝をひねったときに発生する。膝が腫れ，痛みが和らいでも膝にひっかかりを覚えたり，完全に伸びなくなることがある。これはMRIで断裂を確認できる。関節鏡を使用して，小さな傷で断裂部を切除し，縫合を行うことができる。

　ジャンプして着地に失敗し膝をひねったりして，激痛とともに力が入らなくなることがある。この場合，膝前十字靱帯損傷を疑わなければならない。階段を降りたときに膝がはずれる感じや，膝を動かすたびにコキコキ音が鳴ることもある。高校生以上で将来もスポーツを続けたいときは，腱の移植手術が適応となる。関節鏡を使ったこの治療法は近年目覚ましく進歩し，治療の主流になっている。

　膝蓋骨亜脱臼は13～15歳の女子に多く，膝蓋骨がはずれそうな不安や，膝蓋骨周囲の痛みを訴える。治療は膝蓋骨周囲の筋肉を鍛え，サポーターで安定させる。効果のないときには手術を必要とする。

　膝棚障害はしゃがんだとき，長時間の起立，ランニングを開始したとき，歩行の後などで膝前面内側に痛みを感じる。膝の屈伸でひっかかりを感じ，屈伸ができなくなる。サポーターで保護したり，大腿四頭筋を強化訓練することによって改善することもあるが，厚い棚には関節鏡を使っての切離切除が効果的である。

　膝の痛みを訴えるものに分裂膝蓋骨がある。膝蓋骨が二つに分かれているもので，思春期になりスポーツ活動が激しくなると，強い牽引力が分裂部に加わり，炎症を起こし，痛みが出てくる。スポーツを中止し，安静にするが，痛みが消失しない場合は手術となることもある。

　ハードな練習をしていると，下腿の痛みを訴えることがある。脛骨や腓骨に一致して腫れや圧痛のある疲労性骨膜炎となり，さらに練習を続けると疲労骨折におよぶこともまれではない。また，中足骨・橈骨・尺骨にも発生しやすい。痛みは体からの大切なサインであり，早めの予防に心がけるべきである。

　太ももの肉離れは，急に走り出したときやジャンプやターンをしたときに，瞬間的に筋肉が伸ばされるために，筋肉が切れたり傷ついたりする外傷である。受傷直後から強い痛みを訴え，3～6時間して痛みが増強することもある。運動を中止して，先に記した「RICE」を施行することが必要である。

　足の痛みを起こす疾患に外脛骨障害がある。レントゲンを撮影すると，足首の内側より少し下の部分で骨が出っ張っている部分があるが，これが外脛骨という種子骨で余分な骨である。スポーツで負担がかかると，外脛骨周囲が炎症を起こして痛みが出る。扁平足や回内足などがあると症状が出やすい。運動量を減らしたり，足底板を足の裏につけたりして痛みを取る。

　アキレス腱断裂は，小中高生には比較的まれな疾患で，社会人に多く発生している。運動の前後に十分なストレッチを行うよう指導すべきである。保存的にギプス固定で治療することができるが，若年者には手術を勧め，早期にリハビリテーションを開始し，競技への早期復帰を期待する。

　スポーツで頻繁にみられるのが足関節捻挫である。捻挫は関節を支えている靱帯や関節包が伸ばされ，断裂した状態である。骨片の剥離や脱臼が同時に起きることもある。運動を中止して，痛みや腫れの強いところに「RICE」を施行すべきである。一般にテーピング弾力包帯固定するが，ときにギプス固定も行われる。固定後のリハビリテーションは重要で，筋力と関節の可動域が回復してから練習を始めるべきである。

　不慣れな運動，長時間にわたる強度の激しい運動を行ったときやその翌日に，筋肉が痛むことがある。いずれの筋肉痛も乳酸は無関係である。運動中の筋肉痛は，血液によって筋肉に十分な酸素と栄養が供給されない状況で起こり，このとき筋肉中の乳酸量は高まるが，乳酸が筋肉痛の直接の原因ではない。運動後数時間から

24時間経過してから痛み，7～10日で消失する痛みは遅発性筋肉痛という。このとき運動中に高まった乳酸も平常時のレベルにまで戻っている。遅発性筋肉痛は，運動に不慣れな場合や，運動時間が長かったり運動強度が激しかったりで，収縮している筋肉が引き伸ばされる伸張性筋活動を含む運動によって引き起こされる。筋繊維あるいは筋繊維を取り巻く結合組織の微細構造の損傷，その後の炎症反応が原因と考えられる。しかし，一度筋肉痛が生じた筋肉は，同じ運動によって筋肉痛は生じなくなる。したがって，最も有効な予防法としては，伸張性筋活動のトレーニングをして，徐々に筋肉をならしておくことである。

Ⅲ　スポーツと健康管理

　運動中の突然死は10歳ごろより少しずつみられ，年齢とともに増加傾向を示す。その原因の多くは，心筋症や心筋炎など心疾患によるものとされている。どうしたら防げるか，防ぐことはできないのか，悩みはつきないが，学校管理では心臓検診の管理区分をきちんと守り，主治医を持って，コーチ，家族のサポートのもとにトレーニング方法，栄養，休息の取り方を含めて，日ごろの体調を管理する必要がある。練習や競技当日に発熱，嘔気などで体調が悪いときは，思い切って休む勇気が必要である。10歳までに自分の運動力を脈拍の変化などで数量的にとらえておき，不整脈や不自然な脈拍数の変化などから危険が察知できるよう，自己チェックができるようにしたい。おかしいときにはすぐ自分で運動を中止できるようでなければならないと忠告している専門家もいる。

　暑い中での練習や試合で十分気をつけてもらいたいのが熱中症である。その発生には，気温・湿度・風速・輻射熱が関係する。発熱，下痢，疲労，睡眠不足などがある人は，運動を避けるべきである。運動開始前から計画的に水分摂取を始めるべきである。糖質を含んだ飲料がよく，運動中や運動後には失った電解質を補給できる飲料が適している。いずれも冷やして使用する。熱中症は予防できるものであるが，ひとたび起きて，対応を誤ると生命の危険さえ招く恐ろしいものである。

　スポーツ選手，特に女子選手には貧血が往々にみられる。血液検査をすればすぐ分かるが，軽症のうちは本人も気がつかないことが多い。ヘモグロビンは血液の流れに乗って酸素を運搬するので，不足すると筋肉のエネルギー源(酸素)が足りなくなる。最大酸素摂取量(消費量)は全身持久力を表すことからも，貧血が競技能力に影響をおよぼすことは明らかである。スポーツをしていて疲れやすい，息切れや動悸が強くなるなどの症状を感じたら，貧血の有無を確かめるべきである。スポーツ選手の貧血は，ほとんどが鉄欠乏性貧血である。運動による発汗は鉄分を失わせ，長時間の持久性陸上競技では知らない間にわずかずつ消化管や尿中に出血が続くことがある。また，溶血が原因のこともある。成長期のスポーツ選手では，通常成人の2倍以上の鉄分摂取(25mg/dL)が必要である。

第9章

性感染症と性教育

新家　薫（日本産婦人科医会副会長）

近年，中・高校生の性の逸脱行動や性感染症が問題となっている。これらの問題を解決していくために，学校・家庭・地域の人々と，地域の日本産婦人科医会（日産婦医会）会員の産婦人科医師がどのような連携と協力を行うことができるのか，また日産婦医会としてどのようなバックアップが必要なのかを考えてみたい。

I　思春期の性をめぐる現状

平成13（2001）年4月から始まった厚生労働省の「健やか親子21」検討会は，従来の母子保健の取り組みの成果を踏まえ，残された課題と新たな課題を整理し，21世紀の母子保健の主要な取り組みを提示すると同時に，それぞれの課題についての取り組みの目標を設定した。この運動の4つの主要課題のうちの1つとして「思春期の保健対策の強化と健康教育の推進」を挙げている。この課題の中で，思春期における性行動の活発化，低年齢の人工妊娠中絶や性感染症の増加，薬物乱用，喫煙・飲酒，過剰なダイエットなどが思春期の男女の健康を阻害していることを指摘している。

II　思春期と性感染症

若者達の間で近年特に目立つのが，クラミジアをはじめとする性感染症の拡大である。東京都内の産婦人科を何らかの理由で受診した女性の検査では（東京都予防医学協会　2000），20歳未満の感染がきわめて高率である。クラミジア感染症は19歳以下の未婚者は26.4%，既婚者は21.3%，20～24歳の未婚者は18.1%，既婚者は9.5%，25～29歳の未婚者は12.5%，既婚者は5.7%である。すなわち若年者ほど，また未婚者ほどクラミジア感染症が多く，性感染症に無関心であることが分かる。

1．わが国における性感染症の推移

わが国における性器クラミジアと淋菌感染症の罹患率の推移をみると（熊本ら，2001），昭和63（1988）年と平成12（2000）年を比較すると淋菌感染症の罹患率は男女ともあまり差はない。しかし，クラミジアの罹患率は男女とも増加しており，特に女性の増加が顕著である。

平成13（2001）年の厚労省の感染症動向調査による性感染症報告の年次推移をみると，性器クラミジアと淋菌感染症のほかに，ヘルペスウイルスやパピローマウイルスなどの感染症が認められる。臨床病態が比較的軽く自覚症状が少ないため，適切な治療が行われないまま，周囲に感染が広まり，性器に限局するだけでなく全身に広がるという性格を持つものに変わりつつある。特に淋菌感染症を除き，クラミジア，ヘルペスとも発生数は女性に多いのが特徴である。また，罹患年齢は10代後半～20代前半に増加している。

若年層を中心とした無症候性感染症は，従来の歓楽街を中心としたものから一般社会，家庭の中へと感染域が広がっている。現在の性感染症の特徴は，生物学的には1．病原微生物の多様化，2．無症候感染の増加，3．全身感染症への変化と性器外感染の増加が挙げられる。また，疫学的には1．全体として増加傾向にあり，2．低年齢化，3．女性に優位化などが挙げられる。これらの特徴が増えている原因は，「性の自由化・多様化」と「性生活開始の早期化・性行動の変化」という社会的な問題に関係していると考えられる。

2．異性間性交によるHIV感染

わが国における感染症予防法に基づくHIV感染症／エイズ患者数報告（厚生労働省健康局疾病対策課調査）によれば，平成13(2001)年には血液凝固製剤による感染を除き953件の新規報告がなされた。年ごとの報告数では過去最高で，また女性の比率も増加している。

HIV感染者の感染経路としては，1．異性間の性的接触，2．同性間の性的接触，3．静注薬物濫用，4．母子感染が挙げられている。男性から女性への伝播率が高いが，精液中のウイルス量が腟分泌液中のウイルス量より多いこと，女性（腟）の粘膜の広さが男性（尿道，陰茎の一部）より広いことが考えられる。さらに，腟の炎症性疾患がある場合や肛門性交が行われた場合，性行為のパートナーが静注薬物濫用者であったり，複数の不特定者との性交がある場合には伝播率が高くなる。

HIVは，相手が感染者であることを知った場合と知らない場合とでは，感染率はかなり異なっている。すなわち，「相手がHIV感染者であることを知らないで性交が行われた場合」の感染率を1とすると，「相手が感染者であることを知った場合」の感染率は0.1に過ぎない。また，コンドームを常に使用している者とまったく使用していない者との感染率は約5倍である(Adriano L, et al: Arch Intern Med 1991; 151: 2411-2416)。固定された男女関係でも性感染症の拡大が起こる可能性はあるが，不特定多数とのセックスが性感染症のリスクを高めることも事実である。今後の性教育では，コンドームを常に使用することを強調する必要がある。

性交時に気になることについての質問に対しては，「妊娠の可能性」と答えたものが男子高校生は58.6％，女子高校生は54.2％，男子大学生は64.8％，女子大学生は68.8％である。また，「エイズや性感染症」と答えたものが男子高校生は24.9％，女子高校生は22.6％，男子大学生は9.3％，女子大学生は34.1％である。すなわち，現代の若者達は「性感染症より妊娠する」ことが気になっている。性感染症の怖さについても十分な教育が必要である。

性交時の避妊行動についての調査では，常に避妊している高校生は50％，大学生は66％，まったく避妊していない高校生は男子11.2％，女子16.1％，大学生は高校生よりも低く男子7.3％，女子2.9％である。このときの避妊法はコンドームが90％を超えている。コンドームの使用は性感染症の防止対策としても欠かせないが，あまりにも低率である。このままでは将来，HIV感染が若年層から爆発的に増加する可能性があることを否定できない。

Ⅲ　10代の人工妊娠中絶の増加

1．10代の人工妊娠中絶数

平成12(2000)年の母体保護統計によると，20歳未満の人工妊娠中絶数は44,477件で，前年に比べ4,799件増加しており，過去最高である。昭和30(1955)年を100とすると，約3倍である。また，平成元(1989)年の人工妊娠中絶数の総数は466.9千人で，平成12(2000)年では341.1千人と減少しているため，人工妊娠中絶数のうち10代の人工妊娠中絶数が占める割合は，6.4％から13.1％に増加した。

2．10代人工妊娠中絶についての調査

日産婦医会では，平成14(2002)年4月から8月にかけて実際に人工妊娠中絶を受けた10代の人に対してアンケート調査を行った。施設数91，回答数565である。

避妊をしていたかの問いに対し，「ほとんどしていない」が29.1％，「ときどき」が59.4％，「常に避妊している」人は0であった。避妊の方法はコンドームが93.5％で，ピルや女性コンドームを使用した人はいなかった。避妊の方法について教わったことはあるかの問いに対しては，「学校」が80.5％，「雑誌・テレビ」が46％であった。「全く知らない」人も0.8％ある。避妊の方法を知りたいかの問いに対しては，「知りたい」と答えた人は59.0％に過ぎない。中絶

後の調査であるから，中絶による副作用の恐ろしさを産婦人科医師が十分に説明していない結果であろう．

妊娠が分かったときの気持ちについては，「うれしかった」と答えた人が1/3，「困った」と答えた人が2/3であったが，それでも「産みたい」人が42.1%，「迷った」人が41.8%で，妊娠した場合に半数以上の人が産みたい気持ちがあることが分かる．妊娠中絶を選択した理由については，複数回答ではあるが，「収入が少ない」68.2%，「若すぎる」が62.5%と多く，「未婚」「子育てに自信がない」「学業に差し支える」がそれぞれ40%前後である．

わが国では，不妊症で子どもができない夫婦が20～40万人いると推計されている．「収入が少ない」「子育てに自信がない」，または「学業に差し支える」と答えている人，あるいは「迷った」人を支援する体制がわが国にあれば，尊い命を無駄にすることもなく，少子化対策としても少しは有効であろう（図）．

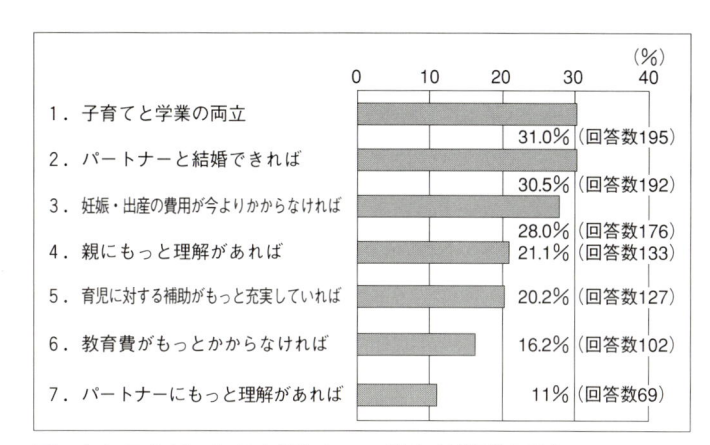

図　もしこうだったら中絶しないで済んだ（複数回答）

	%	回答数
1．子育てと学業の両立	31.0%	195
2．パートナーと結婚できれば	30.5%	192
3．妊娠・出産の費用が今よりかからなければ	28.0%	176
4．親にもっと理解があれば	21.1%	133
5．育児に対する補助がもっと充実していれば	20.2%	127
6．教育費がもっとかからなければ	16.2%	102
7．パートナーにもっと理解があれば	11%	69

IV　産婦人科医師と学校保健

1．産婦人科医師と学校保健の現状

平成14（2002）年11月から12月末まで，日産婦医会の47支部宛に，各支部での「学校における性教育の実態」について調査を行った．日産婦医会の支部の中で，学校での性教育にかかわっている会員がいるかとの問いに，「いると思う」と答えた支部が36支部（76.6%），「いない」と答えた支部が5支部（10.6%）であった．性教育を行っている会員の性教育へのかかわり方については，依頼を受ける場合は約半数が個人的な依頼である．すなわち，現状は個人の努力・熱意などに依存しており，日産婦医会も教育側も対応が不十分である．

2．性教育の活動内容

性教育にかかわる際の対象の内訳では，全ての延べの支部100%として，小学校20.7%，中学・高校33.3%である．講演活動が主で，そのほかに養護教諭や教育関係者との連携52.8%（小），72.2%（中），69.4%（高）であり，PTAなど地域的連携は36.1%（小），44.4%（中），47.2%（高）である．また，今後学校は性教育にかかわるべきかの質問では，「積極的に進める」が75.0%，「依頼されれば」が20.0%で，予防医学的観点を重視している意見が多い．

子ども達への性教育をいつから始めるかについてはさまざまな意見がある．平成15（2003）年7月日産婦医会主催の「性教育セミナー」で，小学校低学年から高校まで，さらに父母の5クラスに分け，各クラスに父母も参加して性教育の講座を模擬的に開催してみた．その内容は，小学校低学年は「男の子の性」「女の子の性」「子どもの成長」などをテーマに自分の体を知り，男の子と女の子の違いを理解することを主眼とした．小学校高学年は「二次性徴」「月経」「性器の構造」「妊娠・出産」などで，受精から人の誕生までの過程や「人の生命の大切さ・尊さ」を教えることに努力した．中学生のクラスでは「妊娠・出産・育児」「性感染症」「人工妊娠中絶」「避妊」などである．高校生は中学生と内容は同じだが，より高度なものとした．父

母のクラスでは，思春期の性をめぐる問題について，親子関係のあり方，性への取り組み方，性を教える姿勢より相談に乗る機会を増やし，正しい情報を教えることを中心に討論した。

小学校低学年では「精子」「卵子」などの言葉は覚えたが，まだよく理解できなかったようである。ただ，低学年で一度聞いていれば，高学年になって初めて聞くよりは理解度が増すと思われる。中学生では，1年生と3年生とではかなり理解度が異なる。2クラスに分けるかどうか，今後検討の余地がある。父母の同伴は，子ども達の理解度を増すと思われる。親の性の知識も完全とは言い難い。

「支部に性教育にかかわる会員がいない」理由を聞いたところ，「地元の教育行政との連携」を挙げたのが2支部あり，日産婦医会としては，支部に対し地元の教育行政へ積極的にアプローチする努力を行うよう指導するとともに，都道府県医師会にご協力を得て，本会会員をもっと簡便かつ有効に活用できる体制づくりが必要であると考える。

V 産婦人科医は何をすべきか

日産婦医会としては，原則として集団指導の普及に努めたい。そのためには，本会会員の性教育に関する資質の向上と，各支部において統一されたレベルでの性教育の実施をめざしている。すでにテキストとスライドを制作し，各支部に配布済みである。各支部内の地域あるいは学校単位で教育者，養護教諭，PTAなどとの関係・連携を強化するため，日本医師会および都道府県医師会のご協力を賜りたい。さらに，地域単位で「性をめぐる環境」の把握と関連者への報告およびその対策についてアイデアを提供し，「学校だより」「保健室だより」などへの情報提供も可能と考えている。産婦人科には女性医師が多いので，大学病院や大病院の勤務医師を活用することも考えている。ときには個別の相談・指導が必要な生徒もいる可能性がある。そのためには時間を決めて，交代で電話相談を受け付ける体制も必要である。携帯電話を支部で購入し，担当する医師が交互に持っていればいつでも対応可能である。

東京産婦人科医会の調査では，都内の公立高校で性教育を行っているのはほとんどが保健体育の先生であり，次いで養護教諭，担任の順で，保健師や助産師がそれぞれ全体の約1％を占めるに過ぎず，産婦人科医師に至っては皆無である。日産婦医会の調査でも，養護教諭だけが性教育に熱心で，教育者が実態を把握せず，ときにはストップがかかる場合もなくはないようである。保健体育の先生や養護教諭が教えるより，産婦人科医師が教えるほうが現実を冷静に誠実に伝えることができ，そのインパクトは非常に大きいと考える。専門相談医として，日産婦医会の会員をご利用いただければと考えている。

性教育そのものは，時代の要請によりその内容を変化させていかねばならないだろう。しかし，その根幹はいつの時代も共通しており，その共通部分を最新の情報に合わせて提供することが産婦人科医師の役割と考える。

[文献]
1) 感染とパートナーシップ．日産婦医会研修ノートNo.69, 2002.
2) 学校における性教育の実態調査結果．日産婦医会, 2002.
3) 幡 健一：「10代の人工妊娠中絶について」のアンケート調査．日産婦医会, 2003.
4) 熊本悦明, 他：日本における性感染症(STD)流行の実態調査－2000年度のSTD センチネル・サーベイランス報告．日本感染症会誌 2001；12：32-67.

第10章

学校安全―災害と共済制度

酒井　國男（大阪府医師会理事）

　学校医は，その職務執行の準則により，学校長の管掌下において，学校での保健管理の専門的事項に関し，技術および指導・助言に従事するものと規定されている。また現在，そのシステム上学校内に常駐している学校医はほとんどなく，さらに社会環境・生活環境の変化に伴い，学校安全は学校における危機管理としてほぼオーバーラップしてとらえるべきものと言っても過言ではない。

　これらの点を踏まえ，本章では1. 学校安全の概要，2. 学校安全の観点からみた学校医の危機管理，3. 学校安全と共済制度について述べる。

I　学校における安全管理

1．学校における安全管理の目的とその内容

　学校における安全管理は，児童生徒を取り巻く学校環境およびその身体精神状況を把握し，早期に潜在する危険を発見し，事故・災害を未然に防止することがその目的である。

　学校安全は，大きく安全管理と安全教育との二つに分かれ，さらに安全教育は安全学習と安全指導に分類される。

　また，それらは安全管理および安全教育の充実強化と，学校管理下における事故・災害に対する救済制度の拡充整備によって進められていくものであり，児童生徒，保護者，地域住民，学校三師(学校医，学校歯科医，学校薬剤師)，教職員および教育委員会などの相互の協力・連携も不可欠なものである。

　安全管理に関する項目には，以下に述べるようなものが含まれる。

　1）学校安全計画
　　学校安全計画の作成には，①学校保健管理と学校安全管理の内容のみとする，②保健管理・安全管理に，保健教育・安全教育そして保健・安全に関する組織活動を加える，③管理と教育，組織活動を総合して，保健と安全の計画を別々に立てる，の三つの方向があり，それぞれ**表1**のような内容が含まれることが必要である。

　2）学校環境の安全について
　　学校環境の安全は，学校の施設および設備の点検により，必要に応じて危険を防止するための措置を講じることを目的として行う。

2．学校における安全管理上注意すべき事項

　1）学校環境の安全管理上の注意点
　①校地について(特に避難場所，避難経路として)の検討
　②運動場の危険物の除去
　③教室，廊下のすべりや釘などのような突起物の除去
　④体育用具の点検や安全な使用法の確認
　⑤実験・実習器具の点検
　⑥施設・設備の倒壊，落下防止対策の実施
　⑦不審者侵入防止のための入り口の施錠，立木などによる死角の除去対策の実施
　⑧非常ベル・防犯カメラなどの点検

　2）学校生活における安全管理上の注意点
　①学習時の安全管理
　　学習用具，実験器具，体育用具などの安全性の点検を行い，不適当な場合にはすみやかに改善をはかる。また，それらの使用法についての適切な指導を行う。
　②休み時間における安全管理
　　校舎内での事故の発生状況の調査およびその原因の除去，運動場・体育用具の使用区分の決定を行う。また，危険な物を持ち歩

表1　学校安全計画に必要とされる内容

```
1. 安全管理に関する事項
  ① 施設や設備などの安全点検
  ② 通学路の選定と，安全な通学のためのきまりの
     点検
  ③ 各教科，学校行事，部活動，休憩時間その他の
     学校生活における安全のきまりの設定
  ④ 火災・地震などの防災に関する事項
     ・学校における防災組織
     ・避難場所・避難経路の点検
     ・防災設備などの点検
     ・地域の避難場所となった場合の対応
  ⑤ 防犯や光化学スモッグなどによる被害の防止な
     どに関する事項
  ⑥ 児童生徒・教職員の安全意識の実態把握
2. 安全教育に関する事項
  ① 学年別・月別の関連教科における安全に関する
     指導事項
  ② 学年別・月別の安全指導事項
     ・学級活動における安全指導
     ・避難訓練などの学校行事における安全指導
     ・児童会・生徒会活動における安全指導
     ・課外における安全指導
     ・個別の安全指導
3. 組織活動に関する事項
  ① 学校安全（保健）委員会の開催
  ② 消防署・警察署などとの連携
  ③ PTAに対する保護者の研修など
  ④ 学校安全活動の評価
```

いたり振り回したりしないように指導し，危険な場所への立ち入りを禁止する。

3）交通事故防止

　　登下校を中心とした交通安全については，学区内の危険性のある箇所を考慮に入れて通学路を設定し，必要に応じて教職員による指導・誘導を行う。また，交通安全委員会などのような児童生徒自身による組織を通しての指導・啓発に努める。

4）水泳の事故防止

　　水泳に際しては，安全性，衛生状態の確認，救急器具・救急体制の整備を行うとともに，監視員・指導員などによる指導を徹底する。

5）犯罪による被害の防止

　　不審者の暴力による被害については，①児童生徒の欠席・早退の確認の徹底，②屋上，未使用の教室などの施錠および管理，③不審者の学校内への立ち入りの禁止，④学校外での不審者からの問いかけに対する行動についての指導，⑤特に夜間の単独での外出を避けるような指導，⑥家庭をはじめとする地域社会や警察などとの連携を図るなどの点に注意し，防止に努める。

6）危険な遊びによる事故防止

　　花火などによる，危険な遊びによる事故に対する適切な指導を行い，防止に努める。

7）キャンプ，登山などでの事故防止

　　児童生徒の体力・健康状態を考慮に入れコースの選定を行う。また，気象状態に注意するとともに，服装や携行品などについての指導を行う。

8）遠足・修学旅行などでの事故防止

　　遠足や修学旅行などの集団での宿泊行事での事故防止のために，コース，日程，携行品などについて十分に検討するとともに，緊急時の措置や連絡体制についての適切な準備を行う。

9）火災に際しての安全

　　ストーブなどのガス器具・電気器具の取り扱いについて十分に注意・指導するとともに，消火設備の点検や防火訓練・避難訓練を実施し，火災の発生防止や発生時の避難・対策についての検討を行う。

10）台風・水害・地震などに際しての安全

　　自然災害に備え，校舎や校地についての十分な安全管理について検討するとともに，避難訓練・救護訓練などを実施する。さらに，学校が避難の場となった場合の対応についての検討を行う。

3．教育委員会における措置

　教育委員会は，学校における災害防止に対する指導・援助を行うとともに，災害発生時には状況を迅速に把握し，適切な措置を講じる。

4．事故発生時の措置

1）事故発生時の救急体制の確立

　①校内における救急体制

　　・情報の把握

　　・医療機関などの関係諸機関への連絡

- 負傷者の処置
- 他の児童生徒の掌握と指導
- 保護者への連絡
② 校外での救急体制
- 引率者の役割分担の決定
- 学校・医療機関などへの連絡体制の確立
- 医薬品・衛生材料の携行
2) 事故発生時の措置
① 負傷者の発見と通報
② 医療機関への連絡
③ 保護者との連絡
④ 事故報告

なお，養護教諭を中心とした応急処置の施行や，学校医や救急車の要請を含めた適切な対応を，上に述べた項目と平行して進める。

II 学校における安全教育

1．学校における安全教育の目的と内容
1) 各教科における安全教育

保健体育の保健分野を中心に，各教科において傷害の防止と応急手当についての知識の習得を行う。

2) 道徳

学校の教育活動全体を通して，生命の尊重を中心とした道徳的価値の自覚の上に立つ実践力の育成に努める。

3) 特別活動

児童生徒会活動，学校行事や避難訓練・防災訓練・交通安全指導などを通して，健康および安全に関する自覚を深める。

4) 個別指導

けがをしやすい児童生徒などに対する個別指導や，けがをしやすい環境などにおける部活動や校外学習の場での臨時指導を行う。

III 学校安全に関する組織活動

1．教職員の組織と校内の協力体制
1) 教職員の組織および役割分担

安全主任などを中心に役割分担し，緊急時に対応できるような組織化を行う。

2) 校内研修と協力体制の確立

安全に関する教職員の研修などにより共通理解をはかり，協力体制を強化し，組織活動を推進する。

2．家庭およびPTAなどとの連携
1) 家庭との連携

家庭訪問，授業参観，学校保健委員会などの機会を利用し，学校内における安全指導の周知のみならず，登下校などをはじめとする学校外での安全に関する啓発を行う。

2) PTAとの協力

研修やPTA広報誌などを用い，安全意識の高揚を図る。また，学校安全委員会などの機会を利用し，活動の推進を行う。

3．地域の関係機関などとの連携
1) 警察，消防関係機関等との連携

交通安全訓練，防犯訓練，避難訓練などへの協力を求め，指導の効果を高める。また，交通規制や異常天候時に，情報の提供や安全確保のための協力を得る。

2) 地区子供会などとの連携

地区子供会などにおいて，交通安全，防犯などについての指導を行う。

IV 学校安全の評価

学校安全の評価は，事後措置としての有用性を中心として，安全点検，学校安全に関する指導，また，それらを推進するための組織活動のすべてにわたって行う必要がある。

V 学校医の学校安全へのかかわり
（学校安全の観点からみた学校医の危機管理）

1．学校医と危機管理

はじめに述べた通り，現在わが国では学校に常駐している学校医はほとんどなく，かつその職務は，その専門的事項に関する指導・助言に従事することと定められている。

さらに社会環境の変化に伴い，学校安全は学校における危機管理としてとらえ，推進していくべきものと言っても過言ではない。この節においては，学校安全という観点からみた学校医の危機管理を中心として述べる。

2．学校における危機管理

「危機管理」はもともと，軍事的な危機に際してそれが戦争に拡大するのを防ぎ，和平へ収拾するための組織的，体系的な機能を指す言葉で，昭和37(1962)年の「キューバ危機」をきっかけとしてその理論の研究が進められるに至った。

平成8(1996)年の大阪府堺市での腸管出血性大腸菌O-157による集団下痢症事件や平成13(2001)年6月の大阪教育大学附属池田小学校での児童殺傷事件から，学校における危機管理に関しての早急な対応や対策が緊急かつ不可欠な課題となり，マニュアルの作成や緊急連絡網の整備など，危機管理体制の確立のための動きがみられるようになった。

しかしながら学校内においては，授業中の小さな事故というような多くの事故や事件が，また学校外では登下校中の交通事故や地震などのような災害など，児童生徒は毎日の学校生活において多くの危険にさらされており，さらなる対応が期待されるところである。

危機管理としては，危機的可能性の予知・予測，未然防止・危機回避行動に向けた取り組み，危機発生時の対応・措置，対応の評価と再発防止に向けた危機管理体制や意識の見直しの過程が考えられるが，これを学校現場に即して考えてみると，以下のようになる。

1) 危機的可能性の予知・予測

講習会・研修会の場を利用することなどにより過去の事例に関する情報を収集し，それに基づき危機発生原因や経過を詳細に分析・検討して，前兆などを把握することにより危機的可能性の予知・予測に努める。

2) 未然防止・危機回避行動に向けた取り組み

児童生徒を取り巻く社会環境や生活環境の変化を踏まえ，情報収集などによる危機的可能性の予測から問題点の早期発見に努め，危機に至る以前の解決に向けた対策を，安全管理と安全教育の両面から行う。

安全管理の面には，学校安全計画の立案・実行をはじめ，学校環境や学校生活における安全管理，交通事故防止，水泳の事故防止，不審者の犯罪による被害の防止，危険な遊びによる事故防止，キャンプや登山・遠足・修学旅行などでの事故防止，火災や台風・水害・地震などの災害に際しての安全管理などが含まれる（各々の詳細についてはⅠ 学校における安全管理を参照）。

安全教育の面からは，それぞれに対する適切な指導を行うことにより，防止に努める。

また，学校安全の評価を行い，その反省点に立ったフィードバックを将来に生かすことも忘れてはならない点である。

3) 危機発生時の対応・措置

危機発生時に被害を最小限にとどめて，児童生徒・教職員の安全を守ることを危機への対応・措置の第一の目的とする。

安全管理としては，できる限り迅速に救急体制を確立するために対策本部を設置し，適切かつ十分な対応をとる（詳細についてはⅠ 学校における安全管理を参照）。

また，それらのために，事前に危機管理マニュアルなどの作成や緊急連絡網の整備に努めることはもちろんのことである。

さらに安全教育の面からは，危機の発生に備え，児童生徒や教職員を対象とした応急手当の講習会の開催や，学校医，救急車の要請を含めた避難訓練や災害訓練を行う。

また，事後措置の一つとして，後述するような災害共済給付制度に基づく給付から，児童生徒，教職員の心のケアに至るまでのフォローも必要となるであろう。

4) 対応の評価と再発防止に向けた危機管理体制や意識の見直し

安全管理上，事態収拾後に，危機発生時の対応についての分析・検討を行い，再発

防止に向けた取り組みを進め，さらに未然防止についての定期的な評価や適切な改善を行う。

3．学校での危機管理における学校医の役割

1) 危機的可能性の予知・予測における学校医の役割

学校医は，学校の安全管理や危機管理に関する講習会などの場を利用して，医師としての情報提供や情報収集に努める。

また学校医は，危機管理対策委員会や学校保健委員会などに積極的に出席し，危機的可能性の予知・予測のために，その専門的立場から助言・指導を行うとともに，学校保健関係教職員の一員として，その前兆などの把握に努める。

2) 未然防止・危機回避行動に向けた取り組みにおける学校医の役割

学校医は，その職務の一つである健康診断をはじめとする保健管理を通して，児童生徒の健康上の問題やその変化についての認識を深める。それらから得られた情報により，特に感染症などの予測される危機的可能性や問題点の早期発見に努める。

さらに，それらから得られた問題点や学校における安全点検から得られた設備上の問題点について，危機に至る以前の解決に向けた対策を行うために，学校保健委員会などの場において学校保健計画の中に盛り込むよう，また，学校安全計画の立案に際して，専門家としての立場から積極的に助言・指導を行う。

3) 危機発生時の対応・措置

危機発生時に学校医は，①緊急時のマニュアルに従い，緊急連絡網を利用して，学校長・保健主事・養護教諭をはじめ，学校三師など学校保健関係教職員との間において緊密な連絡を保つ，②できる限り迅速に状況を把握する，③専門家の立場から問題点に対し迅速かつ的確な助言・指導を行う，④求めにより救急処置その他に従事するなどの過程を通して対応に努める。

また学校医は，事前に行われると考えられる危機管理マニュアルなどの作成や，緊急連絡網の整備，児童生徒や教職員を対象とした応急処置の講習会，避難訓練・災害訓練などに積極的に参加し，必要に応じて的確な助言・指導を行うことも，その重要な役割の一つである。

4) 対応の評価と再発防止に向けた危機管理体制や意識の見直し

事態収拾後に，学校医は学校三師を含めた学校保健関係教職員とともに，危機発生時の対応について分析・検討を行う。それらへの積極的な参加はもちろん，学校医はその中において，再発防止や未然防止を目的とする定期的な評価や改善に向けた専門家としての助言・指導が必要である。

学校における危機管理は，児童生徒，保護者，地域の人々などの連携の上に，円滑に推進されるものである。

それゆえ学校医は，安全管理として，学校保健委員会への積極的な参加を通してその活性化に協力することや，問題点に対する助言指導などのような直接的な関与のみならず，安全教育の面については，学校保健委員会や健康教育にかかわる研修会および総合的な学習の時間などに，特別非常勤講師（ゲストティーチャー）として教壇に立つというような間接的な関与を通して，健康教育の一環としても充実させるための一翼を担うべきである。

4．危機に際しての学校医の役割

学校医が直接関与する可能性のある危機管理の項目としては，感染症に関するもの，事故に関するもの，災害に関するもの，教職員に関するものがある。

1) 感染症に関するもの

感染症，特に学校給食による集団食中毒が疑われるときの対応の過程を示すと，①感染症の把握，②児童・生徒・教職員（罹患

者)への支援，③業者との連携(食材・調理の把握)，④栄養職員との連携，⑤発生後の対応などが考えられる。

　これらすべてにおいて学校医の助言・指導が必要となる可能性があるが，さらに，罹患者が医療提供を受けている医療機関との密な連携を保つ窓口となることも学校医の重要な役割となる。また，感染症の種類によっては，隔離を目的とした学校・学級閉鎖や出席停止，未罹患の児童生徒・教職員への予防の一環としての予防接種の検討などに対する学校医の指導・助言を中心とした協力も必要となる。

　平成8(1996)年の堺市における腸管出血性大腸菌O-157による集団下痢症事件においては，直接医療機関を訪れた児童生徒が比較的大きな割合を占めたため，休校，給食の中止，プールの使用の中止等に関する意見具申や，事後措置の一つとしての"心のケア"のシステムづくり，およびそれらへの参加が学校医としての主な活動の場となった。

　今後，重症急性呼吸器症候群(SARS)をはじめとして，いわゆる新興再興感染症への対応が必要となることも予想されるため，これらへの研鑽を深めることも，学校安全からみた学校医の危機管理の一つと考えられる。

2) 事故に関するもの

　事故には，授業中(体育・水泳・実験)の事故や遊具など設備利用中の事故，また，けんかや校内暴力，侵入した不審者による外傷などのように学校内で発生したものと，登下校中の交通事故や校外学習・宿泊学習中の事故などのように学校外で発生したものとがある。

　学校内で発生したものについては，感染症に関するものと同様に，学校医が最初にするべきことは，事故内容・外傷の把握である。しかしながら，事故発生時に学校医が校内に居合わせることは極めて希なことである。そのため，教職員に対し電話などを介して把握できる限りの状況に対する救急処置などに関する指導と，医療機関との連携をはかるうえでの窓口となることが，学校医としての大きな役割となる。もちろん，事情が許せば，学校医自身が処置を行うという役割も担うことにもなる。

　また，学校外で発生した事故に関しては，なおさら迅速かつ十分な状況の把握が困難となるため，後者の役割が主なものと考えられる。

　平成13(2001)年6月の大阪教育大学附属池田小学校での児童殺傷事件や平成11(1999)年10月の茨城県東海村放射能漏れ事故のように，突発的に発生し，かつ事件の進展が早い場合には，学校医の対応は特にこれらのことが中心となる。そのため，日常からの学校保健(安全)委員会への参加を通しての助言・指導などの安全管理や，救急処置の講習会における指導などの安全教育への参加が，学校医にとってはより重要なものとなるであろう。

3) 災害に関するもの

① 火災

　校内での火災に関しては，出火時に学校医が現場に居合わせる可能性は皆無と考えられる。学校医の役割としては，場合によっては直接救急処置を行うこともあろうが，ほとんどの場合では，火傷による傷害の特殊性などを電話を介して教職員に指導することや，医療機関との連携をはかることであろう。

　さらに，学校保健上必要があれば，防災計画立案に関しても，学校医は医療の専門家としての助言を行うことにもなる。

② 地震

　地震による災害が先に述べた他の項目と大きく異なることは，これがある程度の範囲をもった地域性の問題であるという点にある。その特殊性のため，阪神大震災のように被害が大きくなれば，学校医が校内に

おいて直接救急処置を行うことはおそらく不可能である。さらに、事前に用意されていた危機管理体制を十分に実行に移すことができず、緊急連絡網も完全には機能しないことも予想される。それゆえ学校医は、健康教育などを通して児童生徒や教職員に救急処置に関する知識などを普及させるというような安全教育を、十分に行う必要がある。

また、地震などの災害発生時には、学校施設のうち体育館や講堂を避難所として利用することが一般的である。阪神大震災時、一部の小学校14校と中学校7校において、3日間と限定して、主に学校医が担当学校の保健室に出務し、避難民などの診療に従事するというシステムを実際に採用している。今後このようなシステムが、学校医の行う安全管理・危機管理の一つとして検討される可能性もあろう。

さらに、阪神大震災などの大きな災害時においては、現存する限られた医療資源を利用して、救助可能な傷病者を確実に救い、可能な限り多くの傷病者の治療を行うために、医師はトリアージ※の実施を考慮するような場に遭遇する可能性があると考えられる。学校医がこのような立場に立つ可能性は極めて低いと考えられるが、上記のように避難所となった学校において診療に従事する場合も想定し、これについての研鑽を積むことも検討される必要があるであろう。

4) 教職員の健康上の問題に関して

上述の1)、2)、3) に関しては、児童生徒だけではなく教職員についても同じ管理であるが、教職員の場合には、学校における業務に支障をきたす可能性があり、その問題に関しての危機管理も必要となる点が児童生徒の場合とは異なる。それゆえ学校医も、学校側との連携をより密なものとし、医療機関との連携をとる場合においても、この点について十分留意するべきである。

※ 災害医療の目標は、「負傷者の最大多数に対して、最良の結果を生み出す」(The best for geatest number of victims)ことである。この点が、「一人の患者に最良の結果をもたらさなければならない」日常の医療行為とは大きく異なる。最大多数の至福を達成する唯一の目標は、助けうる負傷者を一人でも失わないようにすることである。この作業を行うための最初のプロセスをトリアージ(Triage)という。
具体的には次の3点からなる。
1) 緊急度や重症度を評価(認識区別の決定)
2) この認識区別を第三者への伝達(トリアージタッグ)
3) 搬送や処置において認識区別を順守

VI 独立行政法人日本スポーツ振興センターにおける災害共済給付及び学校安全普及充実業務

1. 独立行政法人日本スポーツ振興センターにおける災害共済給付

独立行政法人日本スポーツ振興センターは、「スポーツの振興及び児童生徒等の健康の保持増進を図るため、その設置するスポーツ施設の適切かつ効率的な運営、スポーツの振興のために必要な援助、学校の管理下における児童生徒等の災害に関する必要な給付その他スポーツ及び児童生徒等の健康の保持増進に関する調査研究並びに資料の収集及び提供を行い、もって国民の心身の健全な発達に寄与すること」という目的のために設立されており、その業務の一つとして、災害共済給付制度の運営及び児童生徒等の健康の保持増進に関する業務が行われている。

災害共済給付制度は、学校教育の円滑な実施を目的とした、国、学校の設置者及び保護者の三者の負担によって成り立つ互助共済制度で、同センター健康安全部及び各支部において運営が行われている(表2)。

2. 災害共済給付の現況

センターへの加入人数は、平成14(2002)年度現在18,508,453人で、全児童生徒等の97.1％が加

表2　独立行政法人日本スポーツ振興センター災害共済給付及び学校安全普及業務
（NAASH2003～2004）

I．災害共済給付業務

1. 災害共済給付制度

　義務教育諸学校，高等学校，高等専門学校，幼稚園及び保育所の管理下における児童，生徒等の負傷，疾病，傷害又は死亡に対して医療費，傷害見舞金又は死亡見舞金の支給を行っています。

　①学校(保育所)の管理下の災害
　　各教科などの授業中(保育所における保育中を含む。)，部活動などの課外指導中，休憩時間中又は通学中等をいいます。

　②給付金額
　　・医療費
　　　医療保険並の「療養に要する費用の額」の4／10(うち1／10は，療養に伴って要する費用としての加算分)。ただし，高額療養費の対象となる場合は，自己負担額に「療養に要する費用月額」の1／10を加算した額，また，入院時食事療養費の標準負担額がある場合は，その額を加算した額。
　　・傷害見舞
　　　傷害の程度により第1級3,370万円～第14級73万円(通学中の災害は半額)
　　・死亡見舞金
　　　2,500万円(運動性のない突然死，通学中の災害は半額)

　③給付の財源
　　独立行政法人日本スポーツ振興センター法施行令によって定められた各学校種ごとの共済掛金(例えば，義務教育諸学校の場合，児童，生徒一人当たり年額840円を学校の設置者及び保護者で負担)及び国庫補助金によります。

2. 免責の特約制度

　災害共済給付契約には，学校の管理下における児童，生徒等の災害について，学校の設置者の損害賠償責任が発生した場合，センターが災害共済給付を行うことにより，その価額の限度において，その責任を免れさせるための特約を付すことができます。
　災害共済給付に免責の特約を付した場合は，共済掛金に児童，生徒等一人当たり35円(高等学校の通信制は3円)が加算されます(全額設置者負担)。　　〈平成14年度の免責処理実績〉　17件　199,545千円

II．学校安全普及業務

1. 文部科学省，教育委員会，学校との連携事業

　①学校安全研究推進事業
　　「学校安全に関する研究校」及び「交通安全教育推進地域」を設定し，2年間にわたり，それぞれ学校安全，交通安全に関する諸問題についての研究を委嘱しています。
　　・平成14・15年度委嘱
　　　学校安全に関する研究校：17校　　　　交通安全教育推進地域：3地域
　　・平成15・16年度委嘱
　　　学校安全に関する研究校：21校　　　　交通安全教育推進地域：4地域

　②大会・講習会の開催
　　・学校安全研究大会
　　　学校安全研究推進事業の研究成果を発表する大会です。全国の教職員等を対象としています。
　　・心肺蘇生法実技講習会
　　　学校の管理下における突然死等の災害を防止するため，教職員に対し，心肺蘇生法の技術習得のための講習会を，全国で実施しています。
　　・地域的な研究発表，表彰等
　　　各支部においては，学校安全推進事業における研究校等の研究発表会，学校安全優良校の表彰等を実施しています。

2. データ等を活用する事業

　①学校の管理下の災害についての調査・分析
　　学校の管理下における児童，生徒等の災害について，全国統計調査を行い，「学校の管理下の災害－基本統計－」，「学校の管理下の死亡・障害事例集」としてこの結果を公表しています。
　　また，各支部においては，地域的な災害の調査・分析を行っています。

　②資料の収集及び提供並びに広報資料・図書の発行
　　普及事業として「学校安全の研究」，機関誌「学校安全」，安全ポスター(各支部版)を作成し，学校等に配布しています。また，出版事業として，学校安全教育参考資料，学校の事故災害防止のための図書を編集発行しています。

第10章 学校安全—災害と共済制度

表3 平成14(2002)年度の災害共済給付実績(平成15〈2003〉年度日本体育・学校健康センターのあらましより)

学校種別		医療費(負傷・疾病) 件数(件)	医療費(負傷・疾病) 金額(千円)	障害見舞金 件数(件)	障害見舞金 金額(千円)	死亡見舞金 件数(件)	死亡見舞金 金額(千円)	合計 件数(件)	合計 金額(千円)
小学校		625,569	4,380,574	130	276,740	13	212,500	625,712	4,869,814
中学校		575,395	5,194,836	160	443,313	31	650,000	575,586	6,288,150
高等学校	全日制	367,606	4,993,944	287	1,076,161	40	835,000	367,933	6,905,105
	定時制	3,014	46,147	3	38,840	2	21,250	3,019	106,237
	通信制	723	9,597	4	31,105	2	25,000	729	65,702
高等専門学校		3,852	53,491	4	3,335	1	25,000	3,857	81,826
幼稚園		46,569	332,274	7	17,450	1	12,500	46,577	362,224
保育園		57,080	403,678	14	49,710	5	100,000	57,099	553,388
合計		1,679,808	15,414,544	609	1,936,655	95	1,881,250	1,680,512	19,232,449

(金額は千円未満切り捨て)

入している。加入率は例年ほぼ横ばいであるが,加入者数は少子化の影響で年々減少している。

平成14(2002)年度の給付状況は,学校,保育所の管理下の児童生徒等の災害による負傷・疾病に対する医療費の支給件数は1,679,808件で,障害に対して支払われた障害見舞金,死亡に対する死亡見舞金の件数はそれぞれ609件,95件であった。また,上記の給付金の総額は19,232,449千円であった(学校種別の給付状況等については表3を参照)。

今後は加入率のさらなる向上や,支給額の増額等が期待されるところであろう。

[文献]
1) 江口篤寿,他:学校保健.医歯薬出版,東京,1996.
2) 大阪府O157対策本部:O157等感染症対策マニュアル.1997.
3) 大阪府学校保健会:学校長のための危機管理マニュアル.1999.
4) 大国真彦,他:学校医マニュアル 第4版.文光堂,東京,2000.
5) 髙石昌弘,他:学校保健マニュアル 第5版.南山堂,東京,2001.
6) 大石勝男:求められる危機管理能力.教育開発研究所,東京,2001.
7) 岡山県教育委員会:危機管理マニュアル.2001.
8) 学校危機管理研究会:学校と危機管理 教育技術MOOK.小学館,東京,2002.
9) 日本学校保健会:学校保健の動向 平成14年度版.日本学校保健会,東京,2002.
10) 田中良樹:被災現地の災害医療と避難所医療.治療 2002;84:1286-1291.
11) 大阪府医師会:学校医マニュアル.2002.
12) 茨城県教育委員会:学校における原子力防災マニュアル.2002.
13) 横須賀市医師会:災害時医療救護活動マニュアル.2002.
14) 国崎 弘:新学校保健実務必携 第七次改訂版.第一法規,東京,2003.
15) 田中哲郎:保育園における事故防止マニュアル.日本小児医事出版社,東京,2003.
16) 横浜市教育委員会:学校の防犯マニュアル.2003.
17) 独立行政法人日本スポーツ振興センター編;NAASH 2003-2004.独立行政法人 日本スポーツ振興センター,東京,2004.

●学校保健法 （昭和33年4月10日法律第56号）

最終改正：平成14年8月2日法律第103号

第1章　総則

（目的）
第1条　この法律は，学校における保健管理及び安全管理に関し必要な事項を定め，児童，生徒，学生及び幼児並びに職員の健康の保持増進を図り，もつて学校教育の円滑な実施とその成果の確保に資することを目的とする。

（学校保健安全計画）
第2条　学校においては，児童，生徒，学生又は幼児及び職員の健康診断，環境衛生検査，安全点検その他の保健又は安全に関する事項について計画を立て，これを実施しなければならない。

（学校環境衛生）
第3条　学校においては，換気，採光，照明及び保温を適切に行い，清潔を保つ等環境衛生の維持に努め，必要に応じてその改善を図らなければならない。

（学校環境の安全）
第3条の2　学校においては，施設及び設備の点検を適切に行い，必要に応じて修繕する等危険を防止するための措置を講じ，安全な環境の維持を図らなければならない。

第2章　健康診断及び健康相談

（就学時の健康診断）
第4条　市（特別区を含む。以下同じ。）町村の教育委員会は，学校教育法（昭和22年法律第26号）第22条第1項の規定により翌学年の初めから同項に規定する学校に就学させるべき者で，当該市町村の区域内に住所を有するものの就学に当たつて，その健康診断を行わなければならない。

第5条　市町村の教育委員会は，前条の健康診断の結果に基き，治療を勧告し，保健上必要な助言を行い，及び学校教育法第22条第1項に規定する義務の猶予若しくは免除又は盲学校，聾学校若しくは養護学校への就学に関し指導を行う等適切な措置をとらなければならない。

（児童，生徒，学生及び幼児の健康診断）
第6条　学校においては，毎学年定期に，児童，生徒，学生（通信による教育を受ける学生を除く。）又は幼児の健康診断を行わなければならない。
2　学校においては，必要があるときは，臨時に，児童，生徒，学生又は幼児の健康診断を行うものとする。

第7条　学校においては，前条の健康診断の結果に基き，疾病の予防処置を行い，又は治療を指示し，並びに運動及び作業を軽減する等適切な措置をとらなければならない。

（職員の健康診断）
第8条　学校の設置者は，毎学年定期に，学校の職員の健康診断を行わなければならない。
2　学校の設置者は，必要があるときは，臨時に，学校の職員の健康診断を行うものとする。

第9条　学校の設置者は，前条の健康診断の結果に基づき，治療を指示し，及び勤務を軽減する等適切な措置をとらなければならない。

（健康診断の方法及び技術的基準等）
第10条　健康診断の方法及び技術的基準については，文部科学省令で定める。
2　第4条から前条までに定めるもののほか，健康診断の時期及び検査の項目その他健康診断に関し必要な事項は，前項に規定するものを除き，第4条の健康診断に関するものについては政令で，第6条及び第8条の健康診断に関するものについては文部科学省令で定める。
3　前2項の文部科学省令は，健康増進法（平成14年法律第103号）第9条第1項に規定する健康診査等指針と調和が保たれたものでなければならない。
〔注　第3項の規定は，平成14年8月2日から起算して2年を超えない範囲内において政令で定める日から施行〕

（健康相談）
第11条　学校においては，児童，生徒，学生又は幼児の健康に関し，健康相談を行うものとする。

第3章　伝染病の予防

（出席停止）
第12条　校長は，伝染病にかかつており，かかつておる疑があり，又はかかるおそれのある児童，生徒，学生又は幼児があるときは，政令で定めるところにより，出席を停止させることができる。

（臨時休業）
第13条　学校の設置者は，伝染病予防上必要があるときは，臨時に，学校の全部又は一部の休業を行うことができる。

（文部科学省令への委任）
第14条　前2条（第12条の規定に基づく政令を含む。）及び感染症の予防及び感染症の患者に対する医療に関する法律（平成10年法律第114号）その他伝染病の予防に関して規定する法律（これらの法律に基づく命令を含む。）に定めるもののほか，学校における伝染病の予防に関し必要な事項は，文部科学省令で定める。

第4章　学校保健技師並びに学校医，学校歯科医及び学校薬剤師

(学校保健技師)
第15条　都道府県の教育委員会の事務局に，学校保健技師を置くことができる。
2　学校保健技師は，学校における保健管理に関する専門的事項について学識経験がある者でなければならない。
3　学校保健技師は，上司の命を受け，学校における保健管理に関し，専門的技術的指導及び技術に従事する。

(学校医，学校歯科医及び学校薬剤師)
第16条　学校には，学校医を置くものとする。
2　大学以外の学校には，学校歯科医及び学校薬剤師を置くものとする。
3　学校医，学校歯科医及び学校薬剤師は，それぞれ医師，歯科医師又は薬剤師のうちから，任命し，又は委嘱する。
4　学校医，学校歯科医及び学校薬剤師は，学校における保健管理に関する専門的事項に関し，技術及び指導に従事する。
5　学校医，学校歯科医及び学校薬剤師の職務執行の準則は，文部科学省令で定める。

第5章　地方公共団体の援助及び国の補助

(地方公共団体の援助)
第17条　地方公共団体は，その設置する小学校，中学校，中等教育学校の前期課程又は盲学校，聾学校若しくは養護学校の小学部若しくは中学部の児童又は生徒が，伝染性又は学習に支障を生ずるおそれのある疾病で政令で定めるものにかかり，学校において治療の指示を受けたときは，当該児童又は生徒の保護者(学校教育法第22条第1項に規定する保護者をいう。)で次の各号のいずれかに該当するものに対して，その疾病の治療のための医療に要する費用について必要な援助を行うものとする。
1　生活保護法(昭和25年法律第144号)第6条第2項に規定する要保護者
2　生活保護法第6条第2項に規定する要保護者に準ずる程度に困窮している者で政令で定めるもの

(国の補助)
第18条　国は，地方公共団体が前条の規定により援助を行う場合には，予算の範囲内において，その援助に要する経費の一部を補助することができる。
2　前項の規定により国が補助を行う場合の補助の基準については，政令で定める。

第6章　雑則

(保健室)
第19条　学校には，健康診断，健康相談，救急処置等を行うため，保健室を設けるものとする。

(保健所との連絡)
第20条　学校の設置者は，この法律の規定による健康診断を行おうとする場合その他政令で定める場合においては，保健所と連絡するものとする。

(学校の設置者の事務の委任)
第21条　学校の設置者は，他の法律に特別の定がある場合のほか，この法律に基き処理すべき事務を校長に委任することができる。

(専修学校の保健管理等)
第22条　専修学校には，保健管理に関する専門的事項に関し，技術及び指導を行う医師を置くように努めなければならない。
2　専修学校には，健康診断，健康相談，救急処置等を行うため，保健室を設けるように努めなければならない。
3　第2条から第3条の2まで，第6条から第14条まで及び前2条の規定は，専修学校に準用する。

附則　〔抄〕

(施行期日)
1　この法律中第17条及び第18条第1項の規定は昭和33年10月1日から，その他の規定は同年6月1日から施行する。

(学校薬剤師の設置の特例)
2　学校薬剤師は，第16条第2項の規定にかかわらず，昭和36年3月31日までの間は，置かないことができる。

附則　〔抄〕(平成14年8月2日法律第103号)

(施行期日)
第1条　この法律は，公布の日から起算して9月を超えない範囲内において政令で定める日〔平14政360により，平15.5.1〕から施行する。ただし，〔中略〕附則第8条から第19条までの規定は，公布の日から起算して2年を超えない範囲内において政令で定める日から施行する。

●健康診断票

表　就学時健康診断票

第1号様式（用紙　日本工業規格Ａ４縦型）（学校保健法施行規則第2条関係）

就　学　時　健　康　診　断　票

		健康診断 年　月　日

就学予定者	氏　名		性別		保護者	氏　名	
	生年月日		年齢			現住所	
	現住所					就学予定者 との関係	

主な既往症	

予防接種	ポリオ　　　　ＢＣＧ　　　　３種混合（百日咳（せき），ジフテリア，破傷風） 麻疹（しん）　　　　風疹（しん）　　　　日本脳炎

栄養状態	栄養不良	
	肥満傾向	

耳鼻咽（いん）頭疾患	

脊（せき）柱	
胸郭	

皮膚疾患	

視力	右	（　　　　）
	左	（　　　　）

齲（う）歯数	乳歯	処置	
		未処置	
	永久歯	処置	
		未処置	

聴力	右	
	左	

その他の歯の疾病及び異常	

眼の疾病及び異常	

口腔（くう）の疾病及び異常	

その他の疾病及び異常	

担当医師所見	

担当歯科医師所見	

事後措置	治療勧告	
	就学に関し保健上必要な助言	
	その他	

備考	

○○○教育委員会

表　児童生徒健康診断票(様式例)

区分\学年	小学生 1	2	3	4	5	6	中学生 1	2	3

児 童 生 徒 健 康 診 断 票（一般）
小 ・ 中 学 校 用

氏名		性別	男	女	生年月日		月	日
学 校 の 名 称								
年　　　齢	歳	歳	歳	歳	歳	歳	歳	歳	歳
年　　　度									
身　長（cm）	・	・	・	・	・	・	・	・	・
体　重（kg）	・	・	・	・	・	・	・	・	・
座　高（cm）	・	・	・	・	・	・	・	・	・
栄 養 状 態									
脊柱・胸郭									
視力 右	( )	( )	( )	( )	( )	( )	( )	( )	( )
視力 左	( )	( )	( )	( )	( )	( )	( )	( )	( )
眼の疾病及び異常									
聴力 右									
聴力 左									
耳鼻咽頭疾患									
皮 膚 疾 患									
結核 疾病及び異常									
結核 指 導 区 分									
心臓 臨床医学的検査（心電図等）									
心臓 疾病及び異常									
尿 蛋 白 第 1 次									
尿 糖 第 1 次									
尿 その他の検査									
寄 生 虫 卵									
その他の疾病及び異常									
学校医 所　見									
学校医 月　日	・	・	・	・	・	・	・	・	・
事 後 措 置									
備　　　考									

表 児童生徒健康診断票(歯・口腔)(様式例)

児童生徒健康診断票(歯・口腔)
小・中学校用

氏 名								性別	男 女	生年月日	年　月　日	
年齢	年度	歯列・咬合	顎関節	歯垢の状態	歯肉の状態	歯式		歯の状態 ||||| その他の疾病及び異常	所見	事後措置

歯式：
- 現在歯
- う歯　　未処置歯　　(列 A 6)
- 　　　　処置歯　　　 C O
- 喪失歯(永久歯)　　　 △
- 要注意乳歯　　　　　 ×
- 要観察歯　　　　　　 C O

歯の状態：乳歯(現在歯数／未処置歯数／処置歯数)、永久歯(現在歯数／未処置歯数／処置歯数／喪失歯数)

| 歳 | 0 1 2 | 0 1 2 | 0 1 2 | 0 1 2 | 8 7 6 5 4 3 2 1 / 1 2 3 4 5 6 7 8　上下 右　　　左 上下　　8 7 6 5 4 3 2 1 / 1 2 3 4 5 6 7 8 | | | | | | | | | 月　日 |

(同様の記入欄が9行分繰り返し)

表 幼児健康診断票（様式例）

幼児健康診断票

学校の名称								
氏名				性別	男 女	生年月日	年 月 日生	
年齢	歳	歳	歳	年齢	歳	歳	歳	
年度				心臓の疾患及び異常				
身長(cm)	・	・	・	尿	蛋白第一次			
体重(kg)	・	・	・		その他の検査			
座高(cm)	・	・	・	寄生虫卵				
栄養状態				その他の疾患及び異常				
脊柱・胸郭				学校医	所見 月 日	所見 月 日	所見 月 日	
視力	右( )	( )	( )	歯科医	所見 月 日	月 日	月 日	
	左( )	( )	( )					
眼の疾病及び異常				事後措置				
聴力	右							
	左			備考				
耳鼻咽喉疾患								
皮膚疾患								
歯	処置							
	未処置							
その他の歯疾								
口腔の疾患及び異常								

歯式
記入記号 現在歯（例）
要注意乳歯
要観察歯
う歯 ×
CO

処置歯 ○
未処置歯 C

歯	年齢 月検査日	歳	E D C B A A B C D E 6 6 E D C B A A B C D E	上右下 上左下
歯	歳		6 E D C B A A B C D E 6 6 E D C B A A B C D E 6	上右下 上左下
	歳		6 E D C B A A B C D E 6 6 E D C B A A B C D E 6	上右下 上左下
	歳		6 E D C B A A B C D E 6 6 E D C B A A B C D E 6	上右下 上左下

（注）1 各欄の記入については、児童生徒健康診断票の「（注）」の例によること。
2 結核予防法第13条第4項の規定により、ツベルクリン反応検査を受けた者については、その結果及び予防接種の有無を「備考」の欄に記入する。

119

表　職員健康診断票の例（表）

第4号様式（日本工業規格A4縦型）（学校保健法施行規則第12条関係）

職 員 健 康 診 断 票（表）

所　属	1		2		3			
ふりがな 氏　　名				性別	男・女	生年月日	年　　月　　日生	
既往歴※	無・有	1　心疾患　2　肺結核　3　高血圧 4　肝疾患　5　腎疾患　6　胃腸病 7　糖尿病　8　その他		家族歴	1　ガン　　2　脳血管疾患 3　心疾患　4　高血圧 5　糖尿病　6　その他		血液型	A　B　O AB　Rh（　）
※自覚 　他覚症状	無 有		無 有		無 有		無 有	
健康診断年月日	年　月　日（　才）		年　月　日（　才）		年　月　日（　才）		年　月　日（　才）	
身　長（cm）								
体　重（kg）								
B M I								
視　力	右	（　）		（　）		（　）		（　）
	左	（　）		（　）		（　）		（　）
聴　力	右	（　）		（　）		（　）		（　）
	左	（　）		（　）		（　）		（　）
血　圧		～ ～		～ ～		～ ～		～ ～
血液検査	赤血球数							
	血色素量							
	GOT							
	GPT							
	γ－GTP							
	総コレステロール							
	HDLコレステロール							
	中性脂肪							
	血糖							
尿検査		蛋白 糖 潜血		蛋白 糖 潜血		蛋白 糖 潜血		蛋白 糖 潜血
心電図								
その他疾病及び異常								

※第4号様式に示された必須項目には含まれない。

表　職員健康診断票の例(裏)

職 員 健 康 診 断 票（裏）

ふりがな 氏　　名						
結核	直接撮影	撮影年月日				
		フィルム番号				
		所　見				
	間接撮影	撮影年月日				
		フィルム番号				
		所　見				
※　血　　　沈			1 2	1 2	1 2	1 2
※　喀　痰　細　胞　診						
※　喫　煙　指　数 （1日本数×年数）						
事 後 措 置 及 び 担 当 医 師 名						
胃の疾病及び異常						
便　潜　血　反　応						
事 後 措 置 及 び 担 当 医 師 名						
指　導　区　分						
総 合 所 見 及 び 事　後　措　置						
健 康 管 理 医 氏 名			㊞	㊞	㊞	㊞

※第4号様式に示された必須項目には含まれない。

●索引

(あ)
アキレス腱断裂 …………… 99
足関節捻挫 ………………… 99
圧迫 ………………………… 98
アデノイド ………………… 49
アトピー性皮膚炎
　…… 12, 23, 49, 50, 66, 90, 91
アナフィラキシーショック …… 94
アニサキス ………………… 64
アネルギー ………………… 56
アマルガム充填 …………… 7
アレルギー …… 12, 48, 64, 66, 67
アレルギー科 ……………… 13
アレルギー疾患 …………… 66
アレルギー性結膜炎 ……… 48
アレルギー性鼻炎 ………… 49, 66
安静 ………………………… 98
安全衛生委員会 …………… 74
安全学習 …………………… 10, 105
安全管理 ………… 11, 14, 28, 105
安全教育 …………………… 10, 14, 107
安全計画 …………………… 10
安全指導 …………………… 10, 105
安全点検 …………………… 10

(い)
医学的素養 ………………… 7
生きる力 …………………… 2
生きる力をはぐくむ学校での安全
　教育 ……………………… 11
医師会 ……………………… 21, 87
意識消失 …………………… 94
いじめ ……………………… 80
胃十二指腸潰瘍 …………… 65
域値 ………………………… 47
1音 ………………………… 58
1型糖尿病 ………………… 66
一側性難聴 ………………… 47, 49
イヌ糸状虫 ………………… 64
イヌ回虫 …………………… 64
胃の疾病および異常 ……… 73
いびき ……………………… 50
インターネット …………… 34
咽頭結膜熱 ………………… 48
インフルエンザ …………… 86

(う)
ウイルス肝炎 ……………… 65
ウイルス性結膜炎 ………… 47
ウェイト・トレーニング … 97
う歯 ………………………… 52
運動会 ……………………… 95
運動競技 …………………… 67
運動指導 …………………… 74
運動誘発喘息 ……………… 94

(え)
エイズ ……………………… 24
エイズ教育 ………………… 16
衛生委員会 ………………… 74
衛生管理 …………………… 71
衛生教育 …………………… 74
栄養改善 …………………… 71
栄養指導 …………………… 74
栄養職員 …………………… 23
遠視 ………………………… 48
遠足 ………………………… 106

(お)
オージオメータ …… 25, 31, 46
オスグート病 ……………… 98
音刺激 ……………………… 46
音声異常 …………………… 50
音声言語異常 ……………… 50

(か)
海外派遣職員 ……………… 73
外脛骨障害 ………………… 99
外斜視 ……………………… 48
外傷後ストレス障害 ……… 23
外傷性健忘症 ……………… 98
回虫 ………………………… 63
潰瘍性大腸炎 ……………… 65
カウプ指数 ………………… 39
化学的刺激 ………………… 48
化学物質過敏症 …………… 13, 94
かかりつけ医療機関 ……… 33
夏季合宿 …………………… 95
顎関節 ……………………… 52
顎口虫 ……………………… 64
学習指導要領 …… 2, 17, 62, 67
学制 ………………………… 2
学生生徒児童身体検査規程 … 7
拡張型心筋症 ……………… 65
拡張期雑音 ………………… 60
学齢簿 ……………………… 25
火災 ………………………… 106
下肢の形態異常 …………… 43
過剰心音 …………………… 60
家族内アレルギー ………… 51
家族内感染 ………………… 55
学級(学年)閉鎖 …………… 87
学級崩壊 …………………… 81
学校安全 …………………… 10, 105
学校安全委員会 …………… 107
学校安全計画 ……………… 105
学校医会 …………………… 21
学校医執務記録簿 ………… 13
学校医職務規程 …………… 5
学校医制度 ………………… 5
学校医ノ資格及職務ニ関スル規程
　…………………………… 6
学校医令 ………………… 2, 3

学校衛生会 ………………… 7
学校衛生活動 ……………… 2
学校衛生顧問会議 ………… 5
学校衛生主事 ……………… 5
学校栄養職員 …………… 14, 23, 71
学校カウンセラー ………… 12
学校環境衛生 …………… 11, 14
学校環境衛生活動 ………… 13
学校環境衛生検査 ………… 14
学校環境衛生の基準 ……… 14
学校環境の安全 …………… 105
学校看護婦 ………………… 7
学校給食 ………………… 23, 71
学校給食法 ………………… 2
学校教育法 …………… 2, 8, 14, 25
学校教育法施行規則 ……… 8
学校健康管理医 …………… 72
学校検尿 …………………… 61
学校三科体制 ……………… 23
学校三師 …………………… 105
学校歯科医 ……… 8, 14, 19, 54
学校歯科医令 ……………… 7
学校身体検査規程 ………… 7
学校診療 …………………… 7
学校生活管理指導表 …… 62, 68
学校精神保健 ……………… 78
学校精神保健システム …… 82
学校相談 …………………… 83
学校伝染病 ……………… 85, 86
学校の産業医 ……………… 72
学校閉鎖 ………………… 6, 87
学校保健安全計画 ……… 10, 14
学校保健委員会 … 19, 24, 82, 107
学校保健会 ………………… 19
学校保健活動 …………… 2, 4, 22
学校保健組織 ……………… 18
学校保健法
　… 2, 8, 10, 13, 14, 25, 28, 32, 72, 85
学校保健法施行規則 …… 27, 67
学校薬剤師 ……… 3, 9, 11, 14, 19
家庭内暴力 ………………… 78
霰粒腫 ……………………… 49
川崎病 …………………… 60, 64
眼位異常 …………………… 48
感音難聴 ……………… 46, 47, 49
寛解治癒 …………………… 96
眼科学校保健ガイドライン
　…………………………… 43, 47
眼科校医 …………………… 7
換気 ………………………… 6
肝機能 ……………………… 73
眼鏡 ……………………… 43, 45
環境汚染物質 ……………… 23
環境整備 …………………… 23
眼瞼下垂 …………………… 49
眼瞼内反睫毛乱生 ………… 48
肝硬変 ……………………… 65

122

肝疾患 …………………… 65	原因食物 ………………… 94	色覚 ……………………… 48
感染症 ………… 16, 54, 70, 85, 109	原因物質 ……………… 13, 71	色覚異常 ………………… 48
感染症の予防及び感染症の患者に対する医療に関する法律 …… 85	言語異常 ………………… 50	色覚マニュアル …………… 48
感染症予防法 …………… 85, 102	健康観察 ………………… 14	市区町村学校保健会 ……… 19
完全右脚ブロック ………… 60	健康管理医記録票 ………… 72	耳垢栓塞 ………………… 49
肝臓移植 ………………… 65	健康教育	自己管理能力 ……………… 71
肝臓腫瘍 ………………… 65	…… 14, 18, 50, 67, 71, 76, 101	事後措置
乾燥肌 …………………… 91	健康診断	… 23, 25, 42, 46, 52, 61, 67, 73, 107
監督養護 ………………… 7	…9〜12, 14, 15, 25, 28, 29, 32, 34, 38, 43, 64, 67, 72, 73	歯周疾患 ………………… 53
	健康診断票 ……………… 28	歯周疾患要観察者 ………… 52
(き)	健康増進法 ……………… 28	思春期成長促進現象発来年齢 … 35
気管支喘(ぜん)息 …… 64, 66, 94	健康相談	思春期の性 ……………… 101
危機回避行動 …………… 108	…… 9, 12, 14, 16, 19, 23, 28, 75	思春期やせ症 ……………… 39
危機管理 ………………… 108	健康相談活動 ………… 14, 75	地震 ……………………… 106
危機管理対策委員会 ……… 109	健康手帳 ………… 15, 28, 67	姿勢性側弯症 ……………… 41
危機管理マニュアル ……… 108	健康日本21 …………… 18, 22	膝蓋骨亜脱臼 ……………… 99
危険な遊び ……………… 106	原発性肺高血圧症 ………… 60	膝蓋靱帯炎 ………………… 97
キシレン ………………… 13		シックハウス ……… 11, 13, 23
寄生虫 ………………… 7, 63	(こ)	シックハウス症候群 …… 13, 94
機能性側弯症 …………… 41	抗アレルギー薬 …………… 92	失神 ……………………… 60
機能性難聴 ……………… 49	口蓋裂 …………………… 50	膝前十字靱帯損傷 ………… 99
揮発性有機化合物 ………… 14	高血圧 …………………… 60	字づまり視力表 …………… 44
ギプス固定 ……………… 99	咬合 ……………………… 52	指定感染症 ………………… 88
キャンプ ………………… 106	公衆衛生福祉局 …………… 8	自動診断装置 ……………… 60
救急処置 …………… 9, 12, 16	甲状腺機能低下症 ………… 60	児童精神科 ………………… 78
救急体制 ………………… 106	構築性側弯症 …………… 41	児童相談所 ………… 24, 80, 82, 83
救護訓練 ………………… 106	鉤虫 ……………………… 64	字ひとつ視力表 …………… 44
給食 …………………… 71, 94	交通事故防止 …………… 106	斜視 ……………………… 48
給食施設 ………………… 71	後天性心疾患 …………… 64	就学義務 ………………… 25
給食指導 ………………… 71	校内暴力 ………………… 80	就学時 …………………… 12
急性出血性結膜炎 ………… 48	抗ヒスタミン薬 …………… 92	就学時健康診断票 ………… 27
教育基本法 ……………… 2, 8	公立学校ニ学校医ヲ置クノ件 … 5	就学指導 ………………… 27
教育相談所 ………… 24, 80, 83	呼吸性分裂 ……………… 58	就学時の健康診断 ……… 9, 25
共済制度 ………………… 105	心(こころ)の問題 …… 12, 20, 78	就学時の健康診断マニュアル … 12
蟯虫 ……………………… 63	個人情報保護法 …………… 34	就学相談 ………………… 27
挙上 ……………………… 98	骨端線 …………………… 37	修学旅行 ………… 67, 71, 95, 106
起立性調節障害 ………… 50, 66	固定性2音分裂 …………… 58	収縮期クリック …………… 58
近視 …………………… 5, 48	鼓膜穿孔 ……………… 47, 49	集団精密検診 ……………… 61
	コンタクトレンズ ……… 43, 45	縦断的資料 ………………… 37
(く)	コンバントリン …………… 63	十二指腸虫 ………………… 64
空洞形成型結核 ………… 55		出席停止 ……………… 48, 86
屈折正常 ………………… 48	(さ)	守秘義務 ………………… 34
クラジミア ……………… 101	災害共済給付制度 ………… 111	準備運動 ………………… 97
クローン病 ……………… 65	再興感染症 ……………… 54	生涯保健 ………………… 22
	サイコロジスト …………… 83	消化管回転異常 …………… 65
(け)	最終身長年齢 …………… 35	消化器疾患 ………………… 65
血圧 ……………………… 73	最大酸素摂取量 ………… 100	小学校保健計画実施要領 … 19
結核 ……… 7, 16, 23, 54, 68, 73, 87	鎖肛 ……………………… 65	症候性肥満 ………………… 38
結核緊急事態宣言 ………… 54	刷掃指導 ………………… 53	踵骨骨端炎 ………………… 98
結核健診の問診 …………… 29	産業医 ………………… 13, 72	上節下節比 ………………… 37
結核腫型結核 …………… 55	産業医記録票 …………… 72	小児結核 ………………… 54
結核性髄膜炎 …………… 54	産業保険センター ………… 74	少年野球肩 ……………… 97
結核予防法 ……………… 57		情報の公開 ………………… 34
血中脂質 ………………… 73	(し)	静脈コマ音 ………………… 58
血糖 ……………………… 73	歯科校医 ………………… 7	職員(の)健康診断 …… 9, 13, 72
結膜炎 …………………… 48	歯科保健活動 …………… 52	食習慣 …………………… 71
		食中毒 ………… 9, 12, 14, 70, 109

123

食道閉鎖 …………………… 65
食に関する指導 …………… 71
食物アレルギー ……… 66, 71, 94
食物依存性運動誘発アナフィラキシー ……………………… 94
処置歯 ……………………… 52
視力 ………………… 43, 67, 73
歯列 ………………………… 52
心因性難聴 ……………… 47, 49
新感染症 …………………… 88
心筋炎 ……………………… 60
心筋疾患 …………………… 65
心筋症 ……………………… 60
神経性食思不振症 ………… 60
神経性食欲不振 …………… 39
人工妊娠中絶 ……………… 102
人工弁 ……………………… 65
心疾患 ……………………… 64
腎疾患 ……………………… 65
心室中核欠損 ……………… 59
滲出性中耳炎 ………… 46, 47, 49
心臓検診 …………………… 58
腎臓手帳 …………………… 62
身体計測 …………………… 35
身体検査 …………………… 6
身長成長速度曲線 ………… 35
身長成長速度最大年齢 …… 35
心電図 …………………… 58, 73
心房中隔欠損 ……………… 59
唇裂 ………………………… 50

(す)
水泳の事故防止 …………… 106
水害 ………………………… 106
睡眠時無呼吸 ……………… 50
スキンケア ……………… 92, 93
スクリーニング検診 ……… 52
健やか親子21 ………… 18, 101
スティル雑音 ……………… 58
ステロイド外用薬 ………… 93
ストレッチ ………………… 97
スポーツ障害 ………… 23, 43, 98

(せ)
生活指導 …………… 62, 92, 93
性感染症 …………… 11, 49, 101
性器クラジミア …………… 101
成人型結核 ………………… 55
精神保健福祉センター …… 83
清掃当番 …………………… 94
成長曲線 ………………… 37, 38
成長軟骨 ………………… 43, 97
性の逸脱行為(行動) … 16, 81, 101
性ホルモン ………………… 36
摂食機能 …………………… 53
ゼラチン …………………… 95
セロハン製採卵用紙 ……… 63

前屈テスト ………………… 42
全国連合学校衛生会総会 … 8
喘息発作 …………………… 95
先天性心疾患 ……………… 64
先天性胆道閉鎖症 ………… 65
選別聴力検査 ……………… 46
喘鳴 ………………………… 94
旋毛虫 ……………………… 64
専門医 ……………………… 23
専門校医 …………………… 7
専門相談医 …………… 16, 21

(そ)
早期第一尿 ………………… 61
総合的(な)学習の時間 …… 3, 17
僧帽弁閉鎖不全 …………… 59
瘙痒 ………………………… 91
側弯症 ……………………… 40
側弯度 ……………………… 42
ソバアレルギー …………… 95

(た)
体格指数 …………………… 39
第三次教育改革 …………… 2
体質性黄疸 ………………… 65
代謝疾患 …………………… 66
対人管理 …………………… 11
苔癬化局面 ………………… 91
大腿骨頭すべり症 ………… 97
大動脈狭窄・縮窄 ………… 59
大動脈弁閉鎖不全 ………… 60
第二次性徴 ………………… 36
台風 ………………………… 106
対物管理 …………………… 11
胆汁うっ滞症 ……………… 65
単純性肥満 ………………… 38

(ち)
地域学校委員会 …………… 24
地域学校保健委員会 …… 20, 24
(第15期)中央教育審議会第一次答申
 ……………………………… 2
中等学校保健計画実施要領(試案)
 …………………………… 8, 19
中毒 ………………………… 13
治ゆ証明書 ………………… 86
腸管出血性大腸菌O-157
 ………………… 14, 23, 108
聴診 ………………………… 58
聴力 ………………………… 46
治療薬 ……………………… 67

(つ)
ツベルクリン(PPD)反応
 ………………………… 7, 55, 95

(て)
定期健康診断 ……… 12, 28, 32, 67
定期健康相談 ……………… 28
ティームティーチング …… 16, 18
鉄欠乏性貧血 ……………… 100
テーピング弾力包帯固定 …… 99
伝音難聴 …………… 46, 47, 49
てんかん …………………… 95
伝染病 …………… 5, 12, 19, 23, 70, 85
天然痘 ……………………… 88

(と)
糖尿病 ……………………… 66
動物飼育 …………………… 94
動脈管開存 ………………… 59
動脈狭窄 …………………… 59
特別非常勤講師制度 …… 4, 24
特別養護 …………………… 7
登山 ………………………… 106
突然死 … 59, 64, 65, 68, 74, 97, 100
特発性側弯症 ……………… 41
都道府県学校保健会 ……… 19
トリアージ ………………… 111

(な)
内因性再燃 ………………… 55
内斜視 ……………………… 48

(に)
2音 ………………………… 58
2型糖尿病 ………………… 66
肉離れ ……………………… 99
二段階ツベルクリン検査法 … 56
日本学校安全会法 ………… 2
日本学校保健会
 …… 19, 32, 35, 38, 43, 53, 62, 64
日本工業規格(JIS) ……… 46
(独立行政法人)日本スポーツ振興
 センター ……………… 10, 111

(ね)
熱中症 ……………………… 100

(は)
肺高血圧症 ………………… 60
肺動脈狭窄 ………………… 59
肺動脈血流音 ……………… 58
麦粒腫 ……………………… 48
播種型結核 ………………… 55
歯に関する健康相談 ……… 75
パピローマウイルス ……… 101
ハーフ・スクワット ……… 97
歯ブラシ …………………… 53
パモ酸ピランテル ………… 63
半月板損傷 ………………… 97
半月板断裂 ………………… 99
万国衛生会議 ……………… 5

犯罪による被害の防止 ……… 106
判読医 …………………… 23

(ひ)
ピークフロー ………………… 95
肥厚型心筋症 ………………… 60
肥大型心筋症 ………………… 65
鼻中隔弯曲症 ………………… 49
避難訓練 ………………… 106, 109
肥満度 ………………………… 40
標準体重 ……………………… 38
疲労骨折 ……………………… 97
疲労性骨膜炎 ………………… 99
貧血 ……………………… 73, 100

(ふ)
不安定非空洞型結核 ………… 55
副鼻腔炎 ……………………… 49
府県学校衛生会 ……………… 7
不整脈 ………………………… 65
フッ素化合物 ………………… 53
フッ素洗口 …………………… 53
フッ素配合歯磨剤 …………… 53
不登校 …………………… 78, 95
不同視 ………………………… 48
プライバシー ……………… 28, 33
フル・スクワット …………… 97
プロテクター ………………… 53
分裂膝蓋骨 …………………… 99

(へ)
ペースメーカー ……………… 65
ヘルスプロモーション ……… 16
ヘルペスウイルス …………… 101
ベンチプレス ………………… 97
扁桃炎 ………………………… 50
扁桃肥大 ……………………… 50

(ほ)
保健学習 …………………… 16, 76
保健管理
　　2, 10, 13, 14, 28, 50, 52, 76, 105
保健教育 ……… 2, 10, 14, 52, 76
保健室 ………………………… 15
保健室登校 ………………… 16, 79
保健指導
　…… 9, 12, 15, 28, 63, 67, 74, 75
保健主事 …………… 8, 14, 82, 88
保健調査 …………… 29, 32, 71
保健調査票 ……………… 33, 67
ホルムアルデヒド …………… 13

(ま)
マウスガード ………………… 53
マラソン …………………… 71, 94
マルファン症候群 …………… 60
マレットフィンガー ………… 98

慢性中耳炎 ………………… 47, 49
慢性鼻炎 ……………………… 49

(み)
三島通良 ……………………… 5
未処置 ………………………… 52
未然防止 ……………………… 108
民間情報教育局 ……………… 8

(む)
無害性雑音 …………………… 58
むし歯 ………………………… 52
無症候性感染症 ……………… 101

(も)
モアレトポグラフィー法 …… 42

(や)
野球肘 ………………………… 98
薬物療法 ……………………… 92
やせ ……………………… 38, 39

(よ)
要観察歯 ……………………… 52
養護 …………………………… 6
養護訓導 ……………………… 7
養護婦 ………………………… 7
腰椎分離症 …………………… 98
予診票 ………………………… 51
予知・予測 …………………… 108
予防処置 …………… 9, 12, 67
予防接種 ………… 23, 67, 89, 95
予防接種歴 …………………… 67

(ら)
ライフスタイル ……………… 33
裸眼視力 ……………………… 43
乱視 …………………………… 48
ランドルト環 ………………… 44

(り)
リウマチ性心疾患 …………… 64
リハビリテーション ………… 99
流行性角結膜炎 ……………… 48
淋菌感染症 …………………… 101
臨時休業 ……………………… 86
臨時教育審議会 ……………… 2
臨時健康診断 ………………… 70
倫理委員会 …………………… 34

(れ)
冷却 …………………………… 98
裂頭条虫 ……………………… 64

(ろ)
労働安全衛生法 ……… 12, 61, 72
ローレル指数 ……………… 39, 40

(わ)
ワクチン ……………………… 95

(欧文)
A方式 ………………………… 61
BCG ……………………… 7, 55, 57
BMI ……………………… 38, 39, 73
B方式 ………………………… 61
CIE …………………………… 8
CO …………………………… 52
Cobb角 ……………………… 42
compression ………………… 98
elevation …………………… 98
FHA(final height age) ……… 35
GO …………………………… 52
HIV感染 …………………… 102
ice …………………………… 98
O-157 …………………… 14, 23, 108
O脚 ………………………… 43
PHA(peak height age) ……… 35
PHW ………………………… 8
PTSD ………………………… 23
QT延長症候群 ……………… 60
rest …………………………… 98
RICE ………………………… 98
SARS …………………… 88, 110
Still雑音 …………………… 58
TOA(take off age) ………… 35
venous hum ………………… 58

125

日本医師会編　学校医の手引き
2004年7月10日　第2版第2刷発行

編　　　集／日本医師会
編集委員／村田光範・髙石昌弘・衛藤　隆
発　　行／社団法人　日本医師会
〒113-8621　東京都文京区本駒込2-28-16
電話　03(3942)6138（ダイヤルイン）
制作協力／株式会社　協和企画
発　　売／株式会社　協和企画
〒105-0004　東京都港区新橋2-20　新橋駅前ビル
電話　03(3571)3111（代表）
印　　刷／興和印刷株式会社

Ⓒ日本医師会　2004, Printed in Japan
○本書内容の転載・複製の際はあらかじめ許諾をお求め下さい。

ISBN4-87794-050-2　C3047　¥1800E